# LA FORCE MAGIQUE

Copyright © 2018

**Éditions Unicursal Publishers**
www.unicursalpub.com

ISBN 978-2-924859-67-4

Première Édition, Beltane 2018

Tous droits réservés pour tous les pays.

Pierre Saintyves

# LA
# FORCE
# MAGIQUE

## *DU MANA DES PRIMITIFS*
## *AU DYNAMISME SCIENTIFIQUE*

1914

Unicursal

# EN GUISE DE PRÉFACE

En ne poursuivant qu'une idée, en ne voulant exposer que la notion de force magique, j'ai été conduit à en rechercher les racines dans la constitution même de l'esprit humain, j'ai dû malgré moi aborder, par incidence, bien des problèmes, esquisser des solutions que heurtent des théories imposantes on des habitudes invétérées. Je l'ai fait en toute sincérité. Si j'ai dû prendre parti contre les thèses sociologiques de l'origine de la force magique, de l'origine du totem et des emblèmes totémiques, c'est sans aucun esprit agressif, car j'éprouve une profonde admiration pour l'effort de M. Durkheim et de ses collaborateurs. Si je me suis permis de suggérer une classification des sciences et de formuler des hypothèses propres à bouleverser certaines conceptions scientifiques c'est que parmi les savants eux-mêmes on est persuadé de la nécessité d'un bouleversement. Je n'ai visé qu'un sujet, je me suis efforcé de m'y tenir ; malgré moi j'en ai touché vingt autres. Peut-être n'est-ce point tout à fait ma faute et peut-être le sujet le voulait-il. Les sujets généraux sont ainsi, on entend bien s'y borner, mais pour seulement les parcourir, il nous faut faire le tour du monde.

# CHAPITRE PREMIER
## DÉFINITION DE LA MAGIE

La magie est à la fois une connaissance, un art et un culte chez les primitifs, et bien qu'on la trouve souvent réduite ou à peu près à un art comme chez les sorciers guérisseurs de nos campagnes, elle n'a vraiment tout son épanouissement que lorsqu'elle réunit la théorie, l'art et le culte [1]. Les occultistes contemporains ajoutent à l'art la théorie et ont tenté de restaurer l'initiation magique ; mais malgré eux ils se sont trop frottés à la science expérimentale et leur sincérité n'est pas toujours assurée. C'est surtout chez les sauvages, Indiens de l'Amérique, Mélanésiens, Australiens, qu'elle peut être saisie dans sa réalité spontanée, son intégrité et sa sincérité. La magie, disons-nous, est l'ensemble des théories, des techniques et des sentiments mysti-

---

1   Les études qui composent cet ouvrage ont d'abord fourni la matière des leçons que nous avons données à l'*École de Psychologie* dans les mois de janvier 1913 et 1915. Les deux premiers chapitres ont paru dans *Les Nouveaux horizons*, de Mars 1913 à Février 1914.

ques par lesquels le primitif explique l'univers, capte et utilise ses forces invisibles et détermine son attitude intérieur vis-à-vis de toutes les puissances mystérieuses.

1° *La connaissance magique.* — Tout d'abord la magie est une connaissance, un ensemble d'hypothèses, de théories et de représentations. On a même dit que c'était une science, j'estime que c'est une philosophie, mais une philosophie rudimentaire. Le magicien s'est longtemps confondu avec le physicien, le *Physicus*, l'homme qui étudie la nature (φυσις) le savant ès choses naturelles. Les philosophes ioniens sont appelés des physiciens et Archelaüs avait reçu en particulier le surnom de φυσιακος. Au Moyen âge, les hermétistes à la fois philosophes, astrologues, alchimistes et médecins étaient qualifiés, tel Arnauld de Villeneuve et tant d'autres, de physiciens. Le médecin s'est longtemps appelé *fisico* en italien et en espagnol ; il se nomme toujours *physician* en anglais. Dans les campagnes du centre de la France, le sorcier guérisseur est encore celui qui connait la *fusique* et qui, grâce à elle, peut jeter ou lever des sorts, produire la pluie ou arrêter les épizooties. Pour l'Antiquité et le Moyen âge tout homme ayant des connaissances naturelles non communes était un magicien. Le pape Sylvestre II ne fut pas moins suspect à ses contemporains qu'Apulée, pontife d'Esculape, aux Africains de son temps. « Et à la vérité, dit Naudé, ce n'est point chose extraordinaire, si comme l'on a coutume de prendre pour magiciens ceux qui représentent des roses et des fleurs printanières à la plus forte saison de l'hiver : ainsi tous ces galants hommes qui ont paru comme des étoiles brillantes au milieu de cette nuit sombre et ténébreuse et qui ont produit des effets admirables de leur doctrine en la saison la plus froide et la plus glacée des Lettres [2] ». Au XVIe siècle ne voyons-nous pas Fernand de Cordoue également savant dans les sciences et dans les arts ayant emporté de haute lutte l'admiration des maîtres de l'Université de Paris, obligé de quitter la France parce que l'éclat de son savoir le fit soupçonner d'avoir fait un pacte avec le démon [3] ?

Mais les connaissances naturelles des magiciens ou de ceux qui passèrent pour tels aux yeux d'un public ignorant constituent un ensemble assez confus tenant un peu de la science, mais surtout de la philosophie. L'évolution des connaissances naturelles peut se diviser en trois temps : magie, philosophie de la nature et science positive. Il n'y a pas si longtemps qu'un Lamarck ou un Linné qualifiaient leurs tentatives d'organisation de la zoologie et de la botanique de Philosophie botanique et de Philosophie zoologique. Toutes les sciences du Moyen âge, Astrologie, Alchimie, Médecine, sciences des lapidaires, des plantaires et des bestiaires, science de l'homme et du monde, microcosme et macrocosme, constituaient un ensemble en quelque sorte indivisible bien connu sous le nom de philosophie hermétique. Et chez les Primitifs la magie nous apparaît comme une sagesse tradi-

---

2   Naudé, *Apologie pour tous les grands hommes qui ont été accusé de magie*. P. Besongne, 1669, in-16, p. 84-85.
3   Dr M. Dusolier, *La médecine en Espagne au XVIe siècle*. Paris, 1906, In-8, p. 45.

tionnelle, comme le savoir séculaire des anciens, sagesse et savoir qui enveloppent et comprennent tout l'ensemble de leurs connaissances ; la magie est alors à la fois une cosmologie, une anthropologie et une pneumatologie, mais toutes dérivées ou imprégnées d'une même conception fondamentale, la conception de la force magique, *c'est une sorte de physique spirituelle construite sur de vastes et enfantines généralisations eu vue de fins utilitaires.*

La magie se distingue aisément de la science en ce que la science contrôle et critique par la raison, le calcul et surtout par l'expérience, les hypothèses et les théories au moyen desquelles on l'édifie ; tandis que toute la science du magicien repose sur les théories et les hypothèses qui ne sont justifiées que par la simplicité, l'ignorance, l'audace dans la généralisation qui est le propre des enfants. La science n'a qu'une maîtresse et une maîtresse sévère, l'expérience. La magie n'a qu'une maîtresse également, mais une folle maîtresse, fille de la seule imagination, l'analogie.

La magie, avons-nous dit, est une sorte de philosophie naturelle embrassant à la fois le monde matériel, l'homme et les esprits bons ou mauvais, et cependant ce n'est pas proprement une philosophie. Toute philosophie digne de ce nom part des données scientifiques de son temps pour viser à une connaissance de l'esprit, de sa portée et de sa valeur. C'est à la fois une critique de la connaissance, et une théorie de la morale. En tant que critique de la connaissance la philosophie diffère profondément de la magie dont les principes n'ont été soumis à aucun examen. Comme législatrice de la conscience et règle idéale tendant à l'anoblissement de l'intelligence, à l'émancipation et à l'élévation de l'âme, la philosophie est une discipline spirituelle éminemment désintéressée ; la magie est une connaissance toute égoïste, utilitaire et positive.

2° *L'art magique.* — La magie n'est pas seulement une théorie, c'est une application de cette théorie. Pour beaucoup même, la magie est presque exclusivement une technique, car c'est à peine s'ils attachent une importance à ses théories préscientifiques et à ses jugements de valeur. Nous avons vu que l'on ne saurait négliger l'aspect connaissance, nous verrons que l'on ne saurait davantage dédaigner son aspect cultuel. Mais si la magie est une technique, hâtons-nous d'ajouter que c'est une technique inspirée par une croyance et des sentiments mystiques. Le magicien qui veut guérir une maladie la considère soit comme le produit d'une force invisible, soit comme le fait d'un esprit et ne se préoccupera que de lutter contre cette cause invisible par une technique appropriée ayant couleur de rites ou de cérémonies.

Toutes les techniques furent magiques à l'origine. La fabrication des outils et des armes nous apparaît encore comme un art religieux à l'origine de la civilisation grecque. Dactyles et Cabires sont de véritables prêtres artisans. La culture de la terre, la domestication des animaux, la chasse et la pêche sont tout d'abord des arts essentiellement mystiques comportant tout un cérémonial de renouvellement, de multiplication, de prémices, d'offrandes et de sacrifices. Les origines de la greffe et des engrais sont rituelles. Le chasseur et le pêcheur étaient des liturgistes soumis à toute une étiquette cérémonielle. La production du leu, l'entretien du foyer, la cuisson des aliments furent longtemps des tondions sacrées dont plusieurs étaient le privilège du père de famille. Bâtir une habitation exigeait tout un ensemble de rites d'appropriation des matériaux et du terrain, de rites de construction proprement dits, et enfin de rites de protection, soit par l'installation de fétiches et de talismans, soit par l'ornementation. Les origines de la parure et des bijoux sont entièrement magiques. Les matières du vêtement étaient choisies pour des raisons mystiques et empruntées à des plantes ou des animaux sacrés ; sa confection exigeait des cérémonies qui le rendaient plus propre à éloigner les forces mauvaises et les mauvais esprits. Les hommes médecins chez les primitifs, les sorciers guérisseurs de nos campagnes sont essentiellement des magiciens avant tout préoccupés des forces et des esprits invisibles.

Cependant tous ces arts nécessaires à la vie humaine se sont peu à peu émancipés des préoccupations mystiques et dans la mesure même où ils y sont arrivés constituent des techniques laïques indépendantes de la magie et des magiciens. Les artisans modernes, cultivateur ou tisserand, pêcheur ou médecin, demandent leurs inspirations non plus à ta science du magicien, mais à la science véritable. C'est dire que, comme elle, les techniques modernes sont fondées sur l'expérience, uniquement préoccupées des causes positives qui tombent sous nos sens et dont on peut à volonté provoquer l'action et vérifier l'efficacité. L'artisan d'autrefois n'était pas sans observer, voire sans expérimenter ; tuais son observation était constamment faussée par la préoccupation obsédante des esprits et des forces invisibles. Le trésor de la tradition où se conservent les pratiques utiles était à tel point encombré de superstitions et de vaines observances, qu'il ressemblait singulièrement à un tas de détritus où l'on eut égaré des paillettes d'or. Aujourd'hui l'artisan observe avec un esprit dégagé de préoccupations vaines et contribue pour sa part à grossir le trésor des inventions efficaces. Les moteurs admirables qui ont permis de réaliser l'automobile et l'aéroplane sont l'œuvre commune d'une collaboration incessante entre savants et ouvriers. L'ingénieur qui doit réunir en lui à la fois la science et la pratique, est avant tout l'homme de l'expérience sensible, le magicien était avant tout l'homme qui agit sur les êtres invisibles et les forces cachées, L'un prétend agir sur les phénomènes, l'autre déploie son activité dans le monde des noumènes.

3° *Le culte magique.* — La magie est, avons-nous dit, une connaissance ; mais c'est une connaissance du mystère, de tout ce qui est secret et invisible ; il arrive même souvent que cette connaissance ne se transmet que par initiation : c'est alors une science secrète de choses secrètes c'est un art, mais un art secret réservé à des personnages souvent désignés par un tempérament de névropathe ou de visionnaire ; mais qui presque toujours tiennent leur pouvoir et leur force de l'initiation. Cet art du magicien ou de l'initié requiert parfois la coopération de tout le groupe auquel il appartient, comme dans les danses pour la chasse, les cérémonies du renouveau, la réquisition ou la cessation de la pluie. C'est alors incontestablement un véritable culte où le magicien remplit une fonction sociale, où la magie inspire toute une société.

Connaissance des mystères, art secret, cérémonie publique, la magie implique un ensemble de sentiments où dominent le respect, la vénération, une sorte de craintive admiration, le magicien et les dévots de la magie ont affaire à des forces puissantes à la fois bienfaisantes et redoutables dont le caractère bénéfique ou maléfique dépend de l'exécution minutieuse des rites et des observances, et ceci ne saurait être sans requérir une gravité, un sérieux qui rappelle le sérieux et la gravité des prêtres dans la célébration des mystères de la religion. Le magicien comme le prêtre doit pratiquer des ablutions, des jeûnes, se mortifier, se soumettre à un long et pénible entraînement s'il veut être assuré du succès de sa liturgie, s'il veut acquérir un pouvoir souverain sur la nature. Il y a une ascèse et une mystique magiques de même qu'il y a une ascèse et une mystique divines.

Est-ce à dire que la magie se confonde avec la religion ? ou que la magie soit la religion des primitifs ?

Pour les anciens et pour les peuples barbares la religion de l'étranger, et particulièrement la religion du vaincu, est une magie. Pline traite de magie la religion des Perses et des Gaulois. Cette distinction patriotique et nationaliste ne mérite pas de nous arrêter. Dans un même pays la religion de la minorité ou les pratiques propres à certains groupes isolés n'ont pas manqué d'être traitées de magie par les prêtres du culte dominant. Bien mieux, ils se sont efforcés de justifier cette distinction en déclarant que ces minorités s'adressaient non pas aux dieux, mais aux démons. Et cette distinction née du cléricalisme, inventée par l'esprit de dénigrement et l'appétit de domination des sacerdoces officiels a été adoptée pendant longtemps comme une distinction véritable qui différencie réellement la magie de la religion.

Admettrons-nous cependant avec le christianisme que les derniers tenants du paganisme dénoncés par les prêtres chrétiens, poursuivis par les lois, étaient des magiciens et leur culte une pure magie ? Lorsqu'on nous dit que la magie tend à l'illicite et à l'interdit[4] on fait involontairement écho à l'esprit de condamnation de tous les cléricaux qui rêvent la destruction de ceux qui ne s'inclinent pas devant leurs dieux. La magie a été traitée en pratique illicite ; mais par elle-même elle ne tend point à l'illicite pas plus que l'orphisme ou les mystères d'Éleusis.

L'École sociologique a mis en avant une autre distinction : la magie serait d'origine sociale, mais dès qu'elle s'est différenciée de la religion elle serait devenue, nous dit-on, une pratique et un phénomène individuels[5]. Ainsi, lorsque la magie et la religion coexistent elles s'opposeraient comme s'opposent l'individuel et le social.

Les faits ne justifient pas cette distinction. Non seulement il faut admettre que les cultes magiques sont des phénomènes

---

4  Hubert et Mauss, *Théorie générale de la Magie, in Année Sociologique*, VII, 17-19.
5  Hubert et Mauss, *loc. cit*, p. 141.

sociaux, mais que les cultes magiques ont survécu à l'instauration d'un culte proprement religieux. Le culte d'Hécate en face de la religion grecque, celui de Rudra-Çiva en face de l'orthodoxie hindoue témoignent de l'existence de cultes magiques collectifs en pleine effervescence religieuse.

On a tenté d'autres distinctions. Pour différencier jadis la magie de la religion, l'une procède, disait-on, par voie de contrainte l'autre par voie de propitiation ; l'une exige, l'autre supplie. Les enchantements et les sacrifices de la magie sont des rites impératifs, tandis que les invocations et les sacrifices de la religion sont des rites d'intercession [6].

Malheureusement il est avéré que lorsque le magicien s'adresse aux esprits, il lui arrive aussi de supplier, et, d'autre part les rites contraignants ne sont pas inconnus des religions. L'offrande et le sacrifice dans la religion israélite ou gréco-romaine ont souvent une force nécessitante.

Cependant, cette distinction semble déjà en amorcer une autre plus réelle et plus profonde. Les rites de contrainte sont en effet dépourvus de tout idéalisme et de toute estimation morale des dieux, tandis que les rites déprécatoires sont au contraire inspirés par une conception idéaliste de la divinité à laquelle on attribue avec une puissance surhumaine une supériorité spirituelle et morale. « Je suis profondément troublé de l'idée de penser, écrit Porphyre, que ceux que nous invoquons comme les plus puissants reçoivent des injonc-

---

[6] A. Maury, *La Magie et l'Astrologie dans l'antiquité et le moyen âge*. Paris, in-8, p. 2, 34, 88.

tions comme les plus faibles, et, qu'exigeant de leurs serviteurs qu'ils pratiquent la justice, ils se montrent cependant disposés à faire eux-mêmes des choses injustes lorsqu'ils en reçoivent le commandement, et tandis qu'ils n'exaucent pas les prières de ceux qui ne se seraient pas abstenus des plaisirs de Vénus, ils ne refusent pas de servir de guides à des hommes sans moralité, vers des voluptés illicites[7].

En réalité, Porphyre pressentait la véritable distinction de la magie et de la religion. Le culte magique n'a aucune préoccupation de moralité, le culte religieux est essentiellement établi en vue de fins idéales[8]. Le culte magique est un culte naturaliste s'adressant aux forces mêmes et aux esprits de la nature pour des fins utilitaires et positives. Et lors même qu'il s'adresse à des esprits, c'est en tant qu'ils personnifient la nature et individualisent les forces qui la gouvernent. Il ne vise qu'à satisfaire des désirs et des besoins matériels sans aucune préoccupation d'amélioration morale ou de progrès spirituel.

On voit de là que la religion diffère de la magie par soit orientation idéaliste. Lorsque l'attitude sentimentale de l'homme fut capable d'être modifiée par l'idée de dignité personnelle et de moralité collective, ce ferment nouveau opéra une dissociation dans le culte magique primitif. Et comme la préoccupation morale est nécessairement une préoccupation

---

7   Porphyre *apud EUSÈBE Prepar. Evangel.* V, 7.
8   Cette distinction capitale a déjà été admirablement exprimée par M. Loisy Cf À propos d'Histoire des Religions, p. 1911, p. 166 et suiv.

sociale, bien que je n'entende pas dire que le social et le moral soient identiques, il en résulte que la distinction adoptée par l'école sociologique contient une part de vérité ; mais ce n'en est qu'une part.

Certes, nombre de pratiques magiques survécurent dans le culte religieux ; mais on caractérise précisément la superstition par la recherche et l'exclusive préoccupation des intérêts individuels ou matériels. L'incubation de guérison dans les temples de l'antiquité, les cérémonies et processions des Quatre Temps de nos jours ne passent point, direz-vous, pour des pratiques superstitieuses malgré leur couleur utilitaire. C'est exact, mais il était et il est entendu qu'elles ne sont en réalité que des rites piaculaires et qu'elles impliquent une adhésion morale humble et soumise au refus possible de la divinité. L'attitude sentimentale s'est alors imprégnée de sentiments moraux, le respect pour les dieux a pris une couleur d'idéalisme, la demande utilitaire elle-même s'est empreinte de dignité et celui même qui demande apparaît revêtu d'un reflet de la grandeur et de la noblesse de celui auquel il s'adresse.

De ce point de vue le rite magique se distingue du rite religieux non parce qu'il tend à l'illicite ou à l'individuel, puisqu'il peut viser une œuvre excellente tant au point de vue individuel qu'au point de vue social, la guérison d'une maladie ou l'abondance des récoltes, mais comme poursuivant une fin intéressée d'ordre matériel, tandis que le rite religieux tend à promouvoir l'idéal dans l'âme du suppliant. Nous avons indiqué du même coup comment le prêtre se distingue du sorcier.

On peut dire que dans un sens la magie est une calomniée : parce qu'indifférente au progrès spirituel et à la moralité, on l'a accusée de ne poursuivre que des fins criminelles. Lorsqu'Apulée s'efforçait de distinguer la bonne magie ou théurgie de la magie maudite ou goétie, on ne voulut point l'entendre, et cependant il est avéré que la magie agricole, la magie des métallurgistes, la magie médicale visent à de justes fins et travaillent souvent pour des intérêts éminemment sociaux.

La magie réunit à l'origine dans une confusion inévitable tout ce qui peut éveiller l'intérêt et les passions des hommes, la philosophie, les sciences, les techniques, le droit et la religion, mais tout cela informe et balbutiant. Puis sous l'action de ferments plus hautement rationnels, l'esprit critique et l'esprit d'équité, les techniques, les sciences se détachent peu à peu de l'indétermination primitive, perdent leur caractère magique et mystérieux pour devenir ce qu'elles sont aujourd'hui. Et tandis que l'expérience ou mieux l'expérimentation opérait cette dissociation dans la masse des pratiques et des connaissances magiques, l'idée d'équité et de moralité étroitement unies opérait une autre dissociation d'où émergèrent la philosophie, le droit et la religion, ces trois formes de la sagesse tandis que cette germination, cette croissance, ces épanouissements venaient adoucir et embellir la vie, la magie, souche méprisée de ces floraisons humaines, la magie se mourait, semblable aux femmes douloureuses qui vivent juste assez pour donner au monde un enfant plein de force et de santé. À côté des fins aujourd'hui illicites de la magie, reconnaissons qu'elle eut d'autres fins nécessaires et précieuses. Ne soyons pas ingrats, ne la traitons pas d'antisociale cette magie qui fut la connaissance, l'art et le culte de nos ancêtres, les balbutiements de leur sagesse barbare. Au contraire, louons pieusement ces premiers artisans inventeurs du soc et du levier qui ont su charmer les bêtes et capter le feu, pétrir le blé et fouler le raisin, magiques sacrifices d'où jaillirent pour l'humanité la force et la joie qui lui permirent de vivre jusqu'à nous.

Certes, la magie fut une humble chose ; mais elle fut toute la rumeur de la pensée et de l'activité des premiers hommes et de ce chef elle mérite l'hommage de notre piété et de notre justice.

# CHAPITRE II
## LA FORCE MAGIQUE

La magie, avons-nous dit, est une connaissance confuse participant à la fois de la science et de la philosophie, mais n'atteignant encore ni à l'une ni à l'autre. Néanmoins, cette connaissance n'est pas si balbutiante qu'elle n'implique des représentations, des signes, des classifications et des lois.

Les représentations magiques peuvent se ramener à deux types essentiels, d'une part les forces magiques et d'autre part les êtres spirituels : l'âme, les esprits, les démons et les dieux. Nous ne nous occuperons ici que des premières.

*I — La force magique indifférente*

Tous les primitifs ont expliqué ou tenté d'expliquer les activités de l'univers par un concept dynamique que l'on peut appeler la force magique. Cette force est assez difficile à définir, elle est de nature matérielle, bien qu'invisible et impalpable, et peut se comparer à une flamme obscure ou à un souffle insaisissable ; elle est en outre de nature intelligente et, sans être un esprit, participe de la nature spirituelle. On petit la définir une sorte de fluide matériel dépourvu d'intelligence personnelle, mais susceptible de recevoir, de s'incorporer et de répercuter l'impression de toutes les idées et de tous les esprits. On la retrouverait probablement chez tous les peuples primitifs si nous les connaissions mieux, il nous suffira de la reconnaître chez un certain nombre d'entre eux.

Cette notion est répandue chez les Mélanésiens sous le nom de *mana*. Le mana est présent dans toutes les activités de la nature et réside dans tous les êtres de l'univers ; mais inégalement et avec des qualifications diverses.

Le sorcier ou le magicien est particulièrement doué de mana, c'est de lui qu'il tire sa force, les noms des spécialistes en magie sont presque tous des composés de ce mot : *peimana, gismana, mane hisu*, etc.

Les êtres qui jouent un grand rôle dans la vie humaine sont tout particulièrement doués de mana : ce sont le soleil, la lune, certains astres, les animaux puissants et redoutables, les plantes vénéneuses et les plantes guérissantes, certaines pierres singulières par leur forme, leur éclat, leur rareté ou même une quelconque qualité. Ce sont aussi les éléments : la terre, l'eau, le feu, l'air ou le vent.

Comme la nature, les esprits de la nature eux aussi sont abondamment doués de mana, il n'en est pas de même des âmes des morts qui le sont moins et très inégalement ; les âmes des chefs hardis et des sorciers puissants, seules, sont bien dotées.

## II — LA FORCE MAGIQUE

Les phénomènes de la nature mettent en jeu du mana, de même l'activité de l'homme et celle des esprits ; mais il est des activités qui en sont tout particulièrement imprégnées, telles par exemple les tempêtes où circulent des troupes d'esprits et des flots de mana, telle l'activité rituelle du magicien et spécialement l'incantation et le sacrifice telle encore l'invasion des esprits de la fièvre.

Le mana est une sorte de force fantomale qui double toutes les forces de l'univers tant matérielles que spirituelles. Il donne l'efficacité aux actions mécaniques, aux actions rituelles et aux actions des esprits, il concourt à toutes les activités matérielles ou spirituelles sans jamais se confondre avec elles et sans les exclure : c'est une activité surajoutée à ces activités ; c'est le double de toute activité et la force magique est faite de tous ces doubles dont l'ensemble forme une immense activité diffuse susceptible de se raréfier en certains points pour ne laisser agir que les forces mécaniques ou spirituelles, susceptible aussi de se condenser en d'autres pour y produire des effets surprenants par leur soudaineté et leur puissance.

Le mana réside ordinairement en des êtres et se manifeste à l'occasion de leurs diverses activités ; mais plus encore il est une substance indépendante et semble bien remplir l'espace dans lequel ses mouvements rappellent celui de la pensée. On l'a comparé à l'éther, on le comparerait peut-être plus exactement encore à une sorte d'esprit impersonnel et sans idées propres dans lequel les intentions des hommes et des esprits s'incorporeraient pour aller retentir précisément à leur but.

Voici la définition du mana que fournit Codrington :

« Les Mélanésiens croient à l'existence d'une force absolument distincte de toute force matérielle, qui agit de toutes sortes de façons, soit pour le bien, soit pour le mal, et que l'homme a le plus grand avantage à mettre sous sa main et à dominer. C'est le *mana*. Je crois comprendre le sens que ce mot a pour les indigènes... C'est une force, une influence d'ordre immatériel, et, en un certain sens, surnaturel; mais c'est par la force physique qu'elle se révèle ou bien par toute espèce de pouvoir et de supériorité que l'homme possède. Le mana n'est point fixé sur un objet déterminé; il peut être amené sur toute espèce de choses... Toute la religion du Mélanésien consiste à se procurer du mana soit pour en profiter soit pour en faire profiter autrui [9]. »

La notion de mana est tout aussi développée chez les Papous (tribu des Kai)[10]. Chaque être, chaque chose a une « substance spirituelle » *Seelenstoff*, disent MM. Keysser et Neuhauss, qui le pénètre et l'emplit. « Les facultés ou propriétés d'une chose sont celles de son mana ».

Cette même force se nommait *hasina* chez les Malgaches. Les dictionnaires définissent tous ce mot ainsi: « vertu intrinsèque et surnaturelle qui rend une chose bonne et efficace; la vertu, l'efficacité d'un remède; la véracité d'une parole ou d'une prophétie; la sainteté de quelque chose la vertu des

---

9    Codrington. *The Melanesians*, p. 118,120, 191 et suiv. — E. Tregaer. *The Maori. Polgnesian Comparative Dictionary* (Wellington, N. Z., 1891), s. y. mana.
10    R. Neuhauss.Deutsch-Neu-Gninea. Berlin, 1910. III, p. 111 et suiv.

amulettes et des enchantements », etc. L'adjectif *masina* signifiait « saint, sanctifié, puissant, efficient ». À cette racine appartiennent nombre de mots contenant l'idée de puissance surnaturelle.

Certains êtres ont beaucoup de *hasina*, ainsi le chef d'un clan né d'une famille déjà réputée pour avoir beaucoup de hasina et parce qu'un certain nombre de rites *masina* ont été accomplis à son profit par des gens *masina*. Le chef n'est cependant pas seul à posséder cette puissance impondérable : les nobles en ont aussi, mais un peu moins ; les hommes du commun moins encore ; même les animaux, les arbres, les pierres en possèdent des parcelles[11]. L'étranger est particulièrement doué de ce *hasina*, aussi le reçoit-on avec toutes sortes de cérémonies qui ont sans doute pour but d'en atténuer les effets redoutables[12] car le contact des êtres abondamment pourvus de *hasina*, tels les chefs, peut causer les maladies ou la mort de celui qui n'a pas une réceptivité suffisante[13]. Ce ne sont pas les fusils, mais la puissance spéciale, le *hasina* du Blanc, de sa personne comme de ses armes qui le rendent terrible et victorieux[14].

---

11    A. Van Gennep. *Tabou et Totémisme à Madagascar*, p. 1904, gr. In-8, p. 17 à 18.
12    A. Van Gennep. Loc. cit., p. 46.
13    A. Van Gennep. Loc. cit., p. 18.
14    A. Van Gennep. Loc. cit., p. 186.

Les reliques du chef mort sont conservées avec vénération parce qu'elles contiennent du *hasina*[15]. Sa tombe elle-même devient *masina*[16].

Certaines pierres saintes, les idoles sont *masina* et le futur souverain afin d'acquérir tout le *hasina* nécessaire à ses fonctions devait monter sur une pierre sainte aux cris de *masina*[17].

Les perches munies d'herbes ou de chiffons (kiady) que l'on pique dans les champs pour les protéger des voleurs sont chargées de *hasina*; mais d'un *hasina* redoutable et qui rendrait lépreux quiconque oserait s'emparer de la moindre part de la récolte[18].

Nombre de plantes et d'animaux sont pourvus de *hasina*. Tel est le cas par exemple de la baleine et celui qui en entreprend la chasse doit être protégé par toutes sortes de charmes destinés à neutraliser l'action du *hasina* du cétacé. La baleine elle-même n'est mangée qu'après une cérémonie et partagée ensuite de telle façon qu'il n'y ait personne qui n'en reçoive une petite portion, comme s'il était nécessaire que chacun prit part à ce repas rituel[19].

A. Van Gennep identifie *hasina* avec sainteté et avec sacré, il faut s'entendre : tout ce qui est saint et sacré est *masina*, mais tout ce qui est *masina* n'est pas sacré, ce peut être

---

15  A. Van Gennep. Loc cit., p. 82.
16  A. Van Gennep. Loc. cit., p. 92, 90, 98, 100.
17  A. Van Gennep. Loc. cit., p. 104.
18  A. Van Gennep. Loc. cit., p. 185-186.
19  A. Van Gennep. Loc. cit., p. 252-257.

simplement magique. Ainsi la baleine n'est-elle pas sainte ni sacrée, mais riche en puissance magique, en *hasina*.

Dans la grande famille des Sioux nous retrouvons cette même notion sous le nom de *wakan*. Le wakan est une puissance impersonnelle. « Aucun terme, dit Riggs, ne peut exprimer la signification du mot chez les Dakota, il comprend tout mystère, tout pouvoir secret, toute divinité [20]. » C'est un pouvoir qui circule à travers toutes choses, les astres et les éléments, les dieux et les hommes, et il est le principe de tout ce qui se meut, de tout ce qui vit, de tout ce qui s'agite. Tout ce qui manifeste quelque pouvoir est doué de wakan. Tous les êtres ne sont pas également riches en wakanda, les sorciers, certains êtres révérés : pierres, plantes ou animaux, les dieux sont privilégiés sous ce rapport, aussi leur puissance est elle grande et leur vaut-elle maints égards [21]. Chez les Omahas il existe des totems de toutes sortes, individuels et collectifs ; or les uns et les autres ne sont que des condensateurs du wakan [22]. L'individu ou la collectivité peuvent puiser le wakan dont ils ont besoin dans leurs totems ; mais en procédant selon les rites, sans quoi ils pourraient essuyer une décharge sinon mortelle du moins très dangereuse de l'énergie magique. Les

---

20   Riggs and Dorsey. *Dakota English Dictionnary dans Contrib. N. Amer Ethnol.* VII. 508 et J. O. Dorsey. *A Study of siouan Cult dans Eleventh Report of the Bur of Ethnology*, 1894, p. 433.
21   Riggs. In Am. Antiq. vol. II, n° 4, p. 265 et J.O. Dorsey. Loc. cit, p. 433.
22   Riggs and Dorsey. Dakota grammar, Texte and Ethnol. in Contributions N. Amer. Ethnol. 1893, p. 219.

totems sont pour cette raison tabous et l'on doit éviter d'y porter la main, de même que chez nous sur certains poteaux télégraphiques qui dans les temps d'orage, par exemple, peuvent contenir des charges redoutables. Notre « n'y touchez pas il y a du danger » est en quelque façon l'équivalent du tabou des sauvages.

Miss Fletcher, qui vécut trente ans parmi les Omahas, insiste constamment sur ce fait que le Wakanda n'est pas une personne. Cependant le Wakanda est très humain : il peut avoir pitié, l'homme peut avoir recours à lui. Le Wakanda est invisible. Nul homme, dit l'Ancien de la tribu, « a jamais vu Wakanda ». Il se peut que l'idée la plus exacte que nous puissions nous en faire est de nous le représenter comme une vie, comme la vie invisible ; mais trop répandue en toutes choses pour être jamais personnelle. Rien n'est plus suggestif à cet égard que les rites d'initiation des Omahas :

La première cérémonie a lieu quatre jours après la naissance. C'est une sorte de présentation de l'enfant à l'univers entier : au soleil et à la lune, au tonnerre et aux nuages, aux collines et à la terre, aux bêtes et à l'eau. On leur annonce à tous qu'une nouvelle vie est née et demande à prendre place parmi les vivants, on leur demande, on les adjure de l'accueillir et de la chérir. Après chaque invocation revient ce refrain :

*Consentez, consentez tous, je vous implore.*

La seconde cérémonie est particulièrement significative. Elle a lieu entre deux et trois ans, et constitue non seulement une nouvelle présentation à l'univers, mais une sorte d'introduction dans la tribu.

On regarde les premiers mots et les premiers pas de l'enfant comme des manifestations de la vie de Wakanda et l'on solennise la prise de la chaussure qui est, en l'espèce, une paire de mocassins neufs. Une grande vertu s'attache à ces mocassins qui ne peuvent être ni donnés ni échangés. La mère vient avec son jeune enfant à la hutte sacrée élevée pour l'occasion ; mais l'enfant doit y pénétrer seul, portant ses mocassins. Alors suivent six chants, invocation ou antiennes, chacun se terminant par l'imitation d'un roulement de tonnerre. Dans le premier, on appelle les puissances qui résident aux quatre points cardinaux ; dans le second, le prêtre coupe une mèche de cheveux du sommet de la tête de l'enfant et la dépose dans un endroit sacré, tandis que l'on invoque le tonnerre auquel on déclare remettre cette mèche de cheveux et avec elle la vie de l'enfant :

Grand-père ! là-haut, très loin, bien haut ; ces cheveux, ombre obscure, brillent devant vous.

Dans le troisième chant, on atteste que le Wakanda est le maître de la mort aussi bien que de la vie.

> *Lorsque je voudrai, alors seulement alors*
> *Un homme gîra mort chose horrible*
> *Lorsque je voudrai alors soudainement*
> *Un homme gîra mort chose horrible*
> *Après quoi le tonnerre roule...*

Tandis que l'enfant chausse ses mocassins l'officiant s'exprime ainsi :

> *Dans ce lieu la vérité vous a été dévoilée*
> *Maintenant donc, levez-vous !*
> *Marchez dans sa force.*

Après ce quatrième chant vient ce que l'on appelle « l'action de tourner l'enfant ». L'officiant mène l'enfant à l'Est du feu qui brûle dans la hutte, puis le soulevant par les épaules, il le porte au Sud, laisse ses pieds se poser sur une pierre ou sur un crâne de buffle placé là pour représenter la terre. L'officiant fait encore exécuter un tour complet à l'enfant, puis il le porte à l'Ouest, au Nord et de nouveau à l'Est, le faisant tourner sur la pierre ou sur le crâne en chacun de ces points, tandis que s'élève le cinquième chant :

> *Tourné par les vents s'en va celui que j'envoie là-bas.*
> *Là-bas s'en va celui que le vent fait tournoyer*
> *Il va où sont les quatre collines de la vie et les quatre vents*
> *Là-bas dans le milieu des vents je l'envoie*
> *Dans le milieu des vents qui sont là-bas.*

Celui que l'on envoie ainsi c'est le nom de bébé de l'enfant auquel on donne un nom nouveau qui sera son nom de classe. Après que l'enfant a été « tourné » et son premier nom exilé, l'officiant s'écrie :

« O vous collines, herbes, arbres, — vous choses rampantes grandes et petites — je vous enjoins d'écouter ! Cet enfant s'est débarrassé de son nom de berceau *hi-e* ».

Puis il proclame son nouveau nom.

La cérémonie se termine enfin par une invocation au feu : L'officiant ramasse des touffes d'herbes sèches, les jette à terre où elles s'enflamment, et tandis que les flammes éclairent la hutte rituelle, l'enfant sort et le prêtre chante :

> *O feu rouge hâte-toi*
> *O hâtez-vous, flammes à venir*
> *Venez bien vite à mon aide.*

Le sens général de cette cérémonie est de mettre l'enfant en relation avec tous les êtres de l'Univers, où se manifeste le wakanda, en particulier avec les éléments, avec le feu et avec le tonnerre, de telle sorte que désormais ils le connaissent et l'écoutent lorsqu'il aura recours à eux, les priant d'accroître sa vie avec leur vie, ses forces avec leur force.

Chaque Omaha peut en effet découvrir, grâce à des pratiques spéciales, un objet où réside particulièrement le wakanda et se l'approprier. Pour ce faire il doit s'isoler, jeûner, chanter d'infinies incantations jusqu'à ce qu'il tombe en transe ou en extase : alors un quelconque objet, une plume, une touffe de cheveux, un caillou noir touché du tonnerre, un caillou poli ou roulé par l'eau lui apparaîtra dans un éclat caractéristique le désignant comme une résidence de la force magique. Désormais ce sera pour lui un gage, un talisman, un fragment du wakanda, une sorte de trait d'union qui relie sa vie à la vie mystérieuse de wakanda.

Chez les Iroquois et chez les Hurons, l'Orenda[23] joue le même rôle que le wakan des Sioux ou le wakanda des Omahas. « C'est une puissance mystérieuse, dit Hewitt, que le sauvage conçoit comme inhérente à tous les corps qui composent le milieu où il vit... aux rochers, aux cours d'eau aux plantes et aux arbres, aux animaux et à l'homme, aux vents et aux tempêtes, aux nuages, au tonnerre, aux éclairs, etc.[24] ». Cette puissance est « regardée par l'esprit rudimentaire de l'homme comme la cause efficiente de tous les phénomènes, de toutes les activités qui se manifestent autour de lui [25].

L'orenda d'un homme est son pouvoir d'agir, presque sa personnalité, mais est néanmoins quelque chose d'impersonnel. Un homme qui chasse bien a beaucoup d'orenda, lorsqu'un homme est en colère il est empli d'orenda. L'orenda d'un homme c'est son pouvoir, pouvoir de sentir, pouvoir d'agir, pouvoir de connaître, c'est par lui que l'homme-médecine pénètre les secrets de l'avenir. Nous avons vu par les textes précités que l'orenda ne se limite pas à l'homme. Un oiseau défiant et difficile à attraper a beaucoup d'orenda. L'orenda du chasseur entre en lutte avec l'orenda du gibier.

---

23   J. N. B. Hewitt. Orenda and a Definition of Religion in Americun Anthropologist. 1902. Nouv. série IV, I, p. 43-46.
24   J. N. B Hewitt, p. 33.
25   J. N. B. Hewitt, p. 36.

Lorsque revient le printemps et les jours chauds, l'iroquois sait qu'il le doit à la chaleur du soleil, mais il sait de plus que si le soleil brille c'est grâce au chant de la cigale dont le grésillement perpétuel est une projection d'orenda vers le ciel. L'orenda est, par excellence, la matière des œuvres magiques. Tout ce qu'emploie la magie possède de l'orenda et agit par lui. C'est lui qui fait la force des charmes, amulettes, fétiches, talismans, porte-bonheur, et celle des remèdes. Il est non moins puissant dans le maléfice, c'est la puissance magique par excellence.

Sous le nom de Manitou on trouve la même idée chez les Algonquins, en particulier chez les Ojibways. « Le mot manitou veut dire être animé et il est bien certain qu'un quelque degré tout être ayant une âme est un manitou, Mais il désigne plus particulièrement tout être qui n'a pas encore un nom commun, qui n'est pas familier : d'une salamandre une femme disait qu'elle avait peur, c'était un manitou ; on se moque d'elle en lui disant le nom. Les perles des trafiquants sont les écailles d'un manitou, et le drap, cette chose merveilleuse est la peau d'un manitou. Un manitou est un individu qui fait des choses extraordinaires, le shaman est un manitou, les plantes ont du manitou ; et un sorcier montrant une dent de serpent à sonnettes disait qu'elle était manitou ; lorsqu'on trouva qu'elle ne tuait pas, il dit qu'elle n'avait plus de manitou [26]. »

---

26  Tesa. *Studi del Thavenet*, Pise, 1881, p. 17.

On trouve des notions analogues chez les Shoshones où, d'après M. Hewitt qui nous a fait connaître la notion d'Orenda, le mot de *pokunt* a la même valeur ; chez les Tlinkit sous le nom de *yek* ; chez les Haïds sous celui de *sgana* ; chez d'autres encore sous ceux de *qube*, de *oki* etc... On peut présumer d'après de nombreux indices que l'on retrouvera une notion analogue chez tous les anciens peuples de l'Amérique du Nord.

Au Mexique et dans l'Amérique centrale le *naual* paraît bien être une conception équivalente et son importance y est si grande, son rôle si essentiel que l'on a baptisé du nom de nagualisme tous les systèmes magico-religieux de cette région. Dans les textes nauhatls, ce mot signifie ce qui est caché, enveloppé, déguisé, étymologiquement il signifierait science secrète. Le sorcier est *naual*, c'est un *naualli*, le *naual* est particulièrement abondant dans le totem individuel de chaque indigène et c'est de son totem que l'individu emprunte le *naual* qui lui permettra de triompher dans sa vie.

L'Afrique peut, elle aussi, nous apporter son témoignage. Les Ewhe de la Côte-d'Or connaissent fort bien la force magique sous le nom de *dzo*. Le mot entre dans la composition de divers noms qui désignent les charmes[27]. Certaines tribus prétendent formellement que chaque dieu, que chaque prêtre a son *dzo* et qu'il faut passer par la magie pour arriver à la

---

27   Voir l'énumération des charmes dans J. Spieth, *Die Religion der Eweer im Sud Togo*, Leipzig, 1911 P. 258 et suiv.

religion[28]. Il existe des trô c'est-à-dire des dieux qui portent le nom de dzosutrowo, « dieux qui doivent leur origine à la magie », en d'autres termes dieux qui sont des charmes[29]. Le magicien est avant tout un possesseur de dzo[30].

Dans la tribu sud-africaine des Ba-Ronga le nom de la force magique se confond avec celui du ciel ; parce que sans doute toute force magique en descend. « *Tilo* est plus qu'un lieu. C'est certainement une puissance qui agit et se manifeste de diverses façons. On l'appelle quelquefois *hosi*, un Seigneur. Mais cette force est envisagée par la plupart comme impersonnelle[31]. »

Le *Tilo* est une puissance *qui fait mourir et qui fait vivre*. De là l'expression très fréquente : « *Tilo* l'a aimé » quand un individu a échappé à un danger de mort ou qu'il est particulièrement prospère ou « *Tilo* l'a haï » quand il est tombé dans le malheur ou qu'il est mort. — Cette puissance est la cause de tous les faits merveilleux ou extraordinaires, et en particulier c'est elle qui *engendre les jumeaux*, ceux-ci sont d'ailleurs des êtres doués de vertus magiques.

Le *Tilo produit les vents et les éclairs*, les orages et les tempêtes ; c'est là sa manifestation la plus caractéristique il parle dans le tonnerre, brille dans l'éclair et souffle dans le vent.

---

28   J. Spieth. *Die Ewe-Staemme*. Berlin, 1906, p. 680, 783.
29   J. Spieth. Die Religion, p. 154 et suiv.
30   Cf. *Année Sociologique* XI. 137-139 et XII, 150-151.
31   H.-A. Junod. *Les Ba-Ronga*. Neufchâtel 1898, in-8, p. 410.

Cette puissance est le *principe de toute puissance et de toute sagesse*; elle voit tout et sait tout. Aussi est-elle la source de toute divination et c'est grâce à elle que l'on découvre les voleurs [32].

Cette force qui sait n'est cependant pas une force personnelle. Une femme baronga disait à M. Junod : « Avant que vous fussiez venu nous enseigner qu'il y a un être tout bon, un Père dans le ciel, nous savions déjà que le ciel existe ; mais nous ignorions qu'il y eut quelqu'un au ciel [33].

Après cette première et rapide enquête qui nous a fait saisir le caractère général et impersonnel de la force magique, sa nature dynamique, nous allons tenter d'en pénétrer mieux la nature en la considérant chez un certain nombre de peuples où cette notion s'est plus ou moins différenciée et systématisée sous l'action de ferments divers.

## II — *Les qualifications de la magie*
## *Les forces bienfaisantes et les forces malfaisantes*

La force magique est essentiellement neutre ou indifférente, c'est une puissance tantôt utile, tantôt nuisible, pouvant détruire et pouvant construire, pouvant provoquer un fléau ou l'arrêter, pouvant rendre fertile ou rendre stérile, donner une maladie ou la guérir : mais cette indifférence est à

---

[32]  H.-A. Junod. *Loc. laud.*, pp. 410-422.
[33]  H.-A. Junod, *Loc. laud*, p. 409.

la merci du magicien. Il peut orienter la force magique pour telle ou telle œuvre faste ou néfaste, la rendre bienfaisante ou malfaisante. D'ailleurs, il n'y a pas que le magicien qui puisse qualifier et déterminer le sens et la fin de la force magique, car il suffit qu'elle passe en certains êtres pour devenir favorable ou redoutable.

Il arrive souvent que cette qualification ordinairement parallèle à la qualification du magicien lui-même entraîne une sorte de division, de clivage et de scissiparité dans la force magique primitive, pour donner naissance à une force magique salutaire d'où sortira la sainteté, la puissance bienfaisante du prêtre et une force magique destructrice d'où sortira le mauvais œil, la jettatura, l'envoûtement de haine et de mort, en un mot la puissance malfaisante du sorcier. Mais voyons d'abord les faits.

Chez les Hurons le mot *oigon* désigne spécifiquement l'usage nuisible ou destructeur de l'*orenda*. Le *mamit* des Assyriens correspond bien à la notion de force magique, il représente surtout le mauvais sort ou le pouvoir mystique sous son aspect maléfique [34]. Cependant le talisman s'appelle *mamit* et nous savons qu'il est ordinairement employé à des œuvres de protection et de guérison. Le mamit, désigne le charme ou la formule magique en général [35]. Ce peut être un charme bon ou' mauvais comme un serment faux ou sincère.

---

34   C. Fossey, *La Magie Assyrienne*. Paris, 1902, gr. in-8, p. 52-64.
35   P. Dhorme, La Religion Assyro-Babylonienne. Paris, 1940, in-12, p. 225.

Sans doute le côté bénéfique du mamit a-t-il été absorbé par les bons esprits et les dieux.

Chez les Malais, grâce à l'influence du mahométisme, la force magique d'aspect malfaisant a été remplacée par les mauvais esprits de toute nature. Sous son aspect bienfaisant *kramat* c'est encore une notion extrêmement répandue, mais qui tend de plus en plus à s'identifier avec la sainteté et le sacré [36]. On qualifie de *kramat* le prophète ou le magicien, mais le magicien secourable ; un homme *kramat*, pour les Malais, est celui qui non seulement peut prédire les événements, mais qui peut aider chacun à obtenir ce qu'il désire et dont la seule présence apporte l'abondance à son entourage [37]. Le mot *kramat* désigne souvent un lieu de culte. Tantôt on y vénère un arbre, une source, un rocher dans lequel est supposé habiter quelque Yin ; tantôt on y vient honorer quelque saint personnage [38]. Le mot *kramat* a continué de s'appliquer comme jadis aux hommes, aux animaux, aux plantes, aux pierres, etc. ; mais dans bien des cas cette appellation n'est plus justifiée que par la présence d'un esprit ou d'un mort, la force impersonnelle d'antan s'est identifiée avec celle de l'esprit ou du mort. Parfois, cependant, il semble avoir conservé son ancien sens. En 1895, une jeune fille réputée *kramat* était l'objet de visites incessantes de gens qui venaient pour lui demander qu'elle leur communiquât une part de sa vertu, ce qu'ils ob-

---

36 W.-W. Skeat, Malag Magic. London, 1900, in-8, p. 61.71 ; 673-671.
37 W.-W. Skeat, p. 61, note 2.
38 W.-W. Skeat, loc. cit., p. 61-71.

tenaient, paraît-il, en buvant un verre d'eau dans lequel elle avait craché [39].

La notion de force magique neutre, d'où est sortie celle de *kramat*, n'a pas encore complètement disparu dans la presqu'île, nous la retrouvons associée à la personne du roi (raja) dont le rôle et le pouvoir magique se rattachent aux plus lointaines origines de la magie malaise. Non seulement la personne du roi est regardée comme sacrée, niais la sainteté de son corps est conçue comme pouvant se communiquer à ses insignes et à ses armes (*regalia*) et comme capable de tuer quiconque viole les tabous royaux. On est persuadé que tous ceux qui offensent sérieusement la personne royale, touchent (fut-ce pour une seconde) ou imitent (même avec la permission du roi) les objets royaux, ou font un mauvais usage des insignes ou des privilèges de la royauté seront *kenat daulat*, c'est-à-dire frappés de mort par une sorte de décharge électrique de ce pouvoir divin qui, d'après les Malais, réside dans le roi et qu'ils nomment Daulat[40].

Chez les Australiens, la force magique neutre semble inconnue, d'après l'état des recherches ethnographiques; elle est en tous cas innommée. Peut-être pourrait-on l'assimiler à la puissance que les atnongara (petits cristaux) ou le kupitja (pelote cylindrique) confèrent au magicien[41]; mais ceci n'est pas clair.

---

39   W.-W Skeat, loc. cit., p. 673.
40   W.-W. Skeat, loc. cit., p. 23.
41   A.-Van Gennep. *Mythes et Légendes d'Australie*. Paris, 1905. in-8, p, LXXXVII.

En revanche, on connaît une puissance bonne, la force des *churingas*, et une puissance mauvaise, l'*arungquiltha*. Ce sont deux forces diffuses qui peuvent se concentrer et s'accumuler ; mais qui peuvent aussi se transmettre et se projeter à telles ou telles fins que l'on souhaite [42].

Le churinga, dans son acception ordinaire, est un objet magique de bois ou de pierre dans lequel est accumulée une force ordinairement bienfaisante que nous appellerons, faute de mot, la force churinga. Cette force est dégagée par les ancêtres et peut être accumulée dans les dessins totémiques, les disques de bois ou de pierre généralement peints ou gravés qu'on appelle précisément des churingas ; elle peut être attachée au nom secret de l'enfant, aux êtres ou aux substances totémiques. La puissance des churingas se transfuse par contact, il suffit d'avoir sur soi un churinga pour être fort et adroit, ou par tout autre procédé d'assimilation, c'est ainsi qu'un malade avalera un peu de poudre obtenue en raclant un churinga de pierre [43].

L'arungquiltha ne désigne pas un objet comme le churinga mais bien proprement une force. « Il désigne tantôt une certaine puissance plutôt maléficiante et parfois mortelle, tantôt une catégorie spéciale de méchants esprits qui demeurent dans les objets incantés et se manifestent sous forme de bolides ou de météores et causent les éclipses, tantôt certains propulseurs à javelots de taille réduite, peints d'une façon par-

---

42   A. Van Gennep. *Ibid.*, p. LXXXVII.
43   A. Van Gennep. *Loc. laud.*, p. LXXXVI-LXXXVII.

ticulière ⁴⁴. » Sa qualification maléfique ou dangereuse paraît donc bien assurée. L'arungquiltha, comme la force churinga, est une force qui découle parfois des ancêtres. « Qui veut chez les Aruntas, faire du mal à quelqu'un, se fabrique des javelots minuscules qu'il jette contre les rochers d'Undiara, qui sont les *intestins pétrifiés d'un ancêtre mythique*; au contact de ces rochers, les javelots se chargent d'arungquiltha et il suffit de les lancer au moment qu'on voudra dans la direction de celui à qui l'on en veut pour que son corps se couvre de pustules douloureuses... De même encore près du Mont-Franck il y a un arbre appelé l'arbre-aveugle, qui indique l'endroit où s'enfonça sous terre un ancêtre mythique ; si on abattait cet arbre, tous les indigènes de la région deviendraient, dit-on, aveugles ; et quiconque veut rendre aveugle son ennemi n'a qu'à frotter le tronc de cet arbre et à ordonner à l'arungquiltha d'en sortir afin d'aller ôter la vue à la personne désignée ⁴⁵. »

*L'arungquiltha,* comme on le voit, est une force expansive, projetable et dirigeable à volonté, il suffit pour charger un objet d'arungquiltha et le transformer en sort mauvais de l'incanter, ce que toute personne peut faire et non seulement le sorcier [46].

Nous avons donc ici une double forme de la force magique qui vraisemblablement résulte de la dissociation d'une forme neutre primitive opérée par la qualification de la force

---

44 A. Van Gennep. *Loc. laud*, p. LXXXVI.
45 A. Van Gennep. *Loc. laud.*, p. LXXXII.
46 A. Van Gennep. *Loc. laud.*, p. LXXXVI.

magique sous l'influence de milieux divers et par l'intervention de volontés personnelles ou collectives.

Nous ne trouvons aucun terme propre chez les Musulmans de l'Afrique du Nord pour désigner la force magique, on peut cependant à la rigueur employer le mot roûh qui signifie souffle ou influx magique [47].

La force mauvaise n'a pas non plus de nom générique, elle se manifeste surtout dans l'action du mauvais œil que l'on appelle *aïn*, c'est-à-dire œil ou encore *naz'ra*, c'est-à-dire regard ou encore *nafs*, c'est-à-dire souffle, esprit [48].

La force bonne se nomme la *baraka*. La baraka réside en Dieu et dans ses saints, elle réside également dans les marabouts considérés comme des espèces de bons sorciers et dans tous les objets d'utilité mystique que les Arabes considèrent comme bienfaisants.

Dieu est la source principale de toute baraka comme de toute créature ; mais ce sont surtout les saints vivants ou morts qui sont richement dotés de baraka. Au Maroc, lorsqu'un marabout illustre passe au milieu des Musulmans « on se précipite sur le passage du saint homme pour baiser le pan de son burnous, pour baiser son étrier s'il est à cheval, pour baiser même la trace de ses pas s'il est à pied. Ceux qui sont trop loin de lui pour pouvoir espérer le toucher de la main, le touchent avec leur bâton, ou bien jettent sur lui une

---

[47]   Ed. Doutté. *Magie et Religion dans l'Afrique du Nord*. Alger, 1909, in-8, p. 316-328.
[48]   Ed. Doutté. *Loc. laud.*, p. 317.

pierre à laquelle ils font une marque pour la retrouver ensuite et l'embrasser pieusement [49]. »

Tout ce qui a touché le marabout est chargé de *baraka*, sa salive, l'eau de ses ablutions, ses vêtements, ses meubles, sa maison [50]. Après la mort du saint marabout ses ossements et son tombeau sont des sources abondantes de baraka, de même ses reliques [51].

Celte dissociation ou cette spécification de la force magique, en baraka et en force de mauvais œil, s'est produite sous une influence psychologique qui est ici particulièrement marquée. La force magique se détermine par l'intention du magicien ou du croyant à la magie ; l'intention de l'opérateur devient pour ainsi dire l'intention de cette force, et se confond de telle sorte avec elle que la force se trouve soudain s'appliquer là où l'intention qui fait corps avec elle la veut appliquer, fut-ce en un lieu secret, fut-ce à distance, et il est bien remarquable que le mot *niyya* signifie à la fois « intention, distance, action de se transporter à distance et chose qui doit nécessairement être faite [52]. »

Si l'intention du magicien est mauvaise, la force magique devient celle du mauvais œil ou du mauvais souffle, aïn, nafs, l'envie est une déterminante qui transforme le roûh en puissance malfaisante. Au contraire, si l'intention est bien-

---

49    De Segonzac. *Voyage au Maroc*, p. 82.
50    Ed. Doutté. *Loc. laud.*, p. 440-442.
51    Ed. Doutté. *Loc. laud.*, p. 443-445.
52    Ed. Doutté. *Loc. laud.*, p. 329.

veillante la force magique se spécifie en baraka, la bienveillance, est une puissance de bénédiction. La force magique n'est pas l'objectivation du désir, mais le désir peut s'objectiver en elle pour la déterminer dans un sens ou dans l'autre, la rendre faste ou néfaste.

Avec le temps, l'on s'est trouvé en présence de deux sortes de forces distinctes et spécifiquement contraires : la baraka et la force malfaisante, le bon et le mauvais souffle, la bénédiction et la malédiction. Puis la force mauvaise aïn, nafs, s'est à son tour éparpillée en des quantités d'esprits mauvais dans lesquels elle s'est atomisée.

Parmi nous, Français du XX$^e$ siècle, se retrouve également cette notion de force impersonnelle à double face. J'entends nommer la veine et la déveine, la chance et la malchance. La veine est une puissance qui réside en nous, elle nous guide, nous favorise et nous préserve, c'est elle qui nous fait réussir dans les choses difficiles ou dangereuses, qui nous détermine dans le choix d'une profession ou d'un logis, dans celui d'un ami ou d'une épouse. Son pouvoir nous fait échapper à mille désastres, accidents, empoisonnements, maladies. Grâce à la veine, cent bonheurs nous arrivent et nous évitons mille malheurs. Les êtres en qui la vie abonde et rayonne sont dits avoir de la veine. Les sorciers eux aussi ont de la veine, surtout ils savent comment se la procurer. La veine est une sorte de force spirituelle puisqu'elle joue le rôle de notre bon génie ; mais c'est aussi une force semi-matérielle, puisqu'elle réside dans les talismans, les amulettes, les porte-veine et porte-bonheur.

Les pierres précieuses, une branche de corail, sont particulièrement bien douées sous ce rapport, et portées en bagues ou suspendues au col elles rendent, paraît-il, de grands services. Un fer à cheval trouvé sur la route, un sou percé, les outils préhistoriques : haches, fers de flèches, etc., un morceau de corde de pendu ne sont pas des amulettes méprisables. Certaines herbes et certains rameaux : trèfle à quatre feuilles, branche de gui ou de genévrier, herbes de la saint Jean, buis du jour des Rameaux sont de véritables porte-bonheur. Certains animaux : chat noir, cigogne, coccinelle ou bête à bon Dieu, cochon, hirondelle, éléphant sont fort appréciés des gens peu chanceux et leurs réductions minuscules se portent volontiers en broche ou en breloque. Nombre de parties animales peuvent être utilisées d'analogue façon : corne de cerf, défense de sanglier, ongle de loup. Une patte de taupe cousue dans le vêtement est un vrai charme. Rencontrer consécutivement un soldat, un cheval bai et un bossu est de bon augure, toucher la bosse du dernier est une manière très sûre d'emmagasiner la veine. Mettre le pied dans ce que vous savez, par inadvertance, est une démarche qui porte bonheur. Ainsi la veine est bien une puissance impersonnelle qui réside dans les êtres et les objets les plus variés, d'où nous pouvons l'attirer en nous comme un fluide bienfaisant, généralement par contact, et c'est presque un être personnel, car elle agit avec intelligence tantôt pour nous incliner dans la voie la meilleure, tantôt pour nous empêcher de prendre un train qui doit dérailler, Plus encore peut-être pour nous faire choisir le billet de loterie ou l'obligation à lot qui sortira.

Ce serait nous répéter que de parler de la déveine, celle contrepartie de la veine, des êtres et des choses qui portent malheur, des actes qui attirent la malchance, des paroles néfastes. Pour beaucoup d'entre nous, veine et déveine ne sont plus que des mots, il ne s'agit là que d'une croyance sans vie. Lorsque nous disons : Quel veinard ! en a-t-il de la chance ? ou pauvre garçon, quelle guigne ! ce ne sont là que des expressions purement verbales. Mais si cela est vrai pour beaucoup d'entre nous, c'est moins vrai pour d'autres et l'on doit reconnaître que les marchands de talismans et d'amulettes font encore de bonnes affaires.

Supposez à cette notion plus de force et d'empire sur l'ensemble des esprits et vous retrouverez à peu près le mana, le hasina, le wakan, l'orenda ; mais sous des formes différenciées.

### III — *La systématisation de la force magique*

L'idée de force magique a dû être très probablement universelle, mais tous les peuples n'ont pas pris également conscience de cette idée et il s'en faut bien qu'ils en aient tous tiré le même parti. Les uns n'ont pas su l'associer aux notions d'esprit, de démons, de dieux, et ceux-ci s'y sont presqu'entièrement substitués. C'est ainsi que chez les Hébreux et dans le judaïsme la notion de puissance mystique impersonnelle a presque disparu ou s'est tellement subordonnée à celle des puissances individuelles qu'elle a perdu en grande partie son caractère primitif. De même dans le christianisme [53].

D'autres peuples non seulement ont conservé la notion de pouvoir magique, mais ils l'ont étendue, adaptée à l'ensemble de leurs expériences et finalement en ont tiré presque toute l'étoffe de leur physique et de leur métaphysique Chez les Annamites, le *tinh-khi* est la cause de tout dans l'univers : c'est une sorte de fluide participant à la fois de la matérialité des choses et de l'immatérialité de l'esprit [54]. Sous le premier aspect c'est le *khi* qui signifie fumée, vapeur, exhalaison, souffle, haleine, respiration [55]; sous le second, c'est le *tinh*, c'est-à-dire le principe actif et la semence de toutes choses, il sert à désigner le principe des êtres inorganiques tels les cinq éléments, les minéraux et les pierres, le pouvoir du soleil et de la lune, l'esprit des arbres et des autres êtres vivants, l'habileté, la subtilité, la sagacité, l'intelligence de l'ouvrier, la puissance du sorcier [56].

Ces deux notions de *tinh* et de *khi* sont dans un rapport extrêmement étroit; mais le *khi* a un caractère plus marqué d'impersonnalité et d'extériorité, tandis que le *tinh* qui est la

---

53   La grâce est un écoulement du divin dans l'homme, mais du divin encore très personnalisé, parce qu'être en état de grâce c'est avoir Dieu en soi et que Dieu est indivisible. Quant à la puissance qui réside dans les reliques et les divers objets sacrés et qui est effectivement conçue par le peuple comme une sorte de force dynamique, elle est étroitement rattaché par les théologiens à Dieu et aux saints.
54   P. Giran, *Magie et Religion annamites*. Paris, 1912, in-8, p 24-25.
55   P. Giran. *Loc. laud.*, p. 23-24.
56   P. Giran. *Loc. laud.*, p. 21-22.

cause considérée dans son extériorité se rapproche de la notion d'âme sans cependant se confondre avec elle. On pourrait dire que le *tinh* est du *khi* avec un aspect d'intelligence et une tendance à s'individualiser [57].

Le *tinh-khi* est l'âme de l'univers, le principe de la chaleur et de la lumière, du vent et de la pluie; il est aussi la santé, la force et la vie chez les vivants. La notion même de *tinh-khi* implique une cosmologie et une anthropologie qui pour n'avoir pas été formulées par les primitifs n'en ont pas moins été confusément conçues, avant de s'être précisées dans les théories cosmo anthropologiques des modernes annamites [58]. Elle pénètre également la pneumatologie puisqu'elle sert à désigner les démons et les esprits de la nature ainsi que leur influence bonne ou mauvaise [59].

La métaphysique confucéiste n'est qu'une des systématisations, car il y en a d'autres, de la notion fondamentale du *tinh-khi*. Il est d'ailleurs inutile de nous y attarder, car la Théosophie brahmanique va nous fournir un exemple typique.

La Théosophie brahmanique prétend résoudre toutes les énigmes de la vie et de l'univers, et précisément à l'aide d'une notion dynamiste exclusive de toute idée de miracles et de volontés surnaturelles. C'est une physique ou une philosophie de la nature.

---

57    P. Giran. *Loc. laud*, p. 26.
58    P. Giran. *Loc. laud.*, p. 25.
59    P. Giran. *Loc. laud.*, p. 22.

Mais elle ne procède point comme la physique ordinaire par analyse et par expérimentation, mais par intuition et illumination. Les théosophes sont des voyants. L'emploi de cette méthode qui a quelque peu devancé dans la même voie la méthode bergsonienne requiert d'ailleurs un haut degré de sagesse, une véritable initiation qui n'est pas à la portée du commun des mortels.

La Théosophie est non seulement une connaissance philosophico-scientifique, une méthode, une discipline; mais un art, un pouvoir qui permet d'échapper aux étroitesses, aux limitations ordinaires de la vie et de dominer dans une large mesure les forces secrètes de la nature [60].

Ne semble-t-il pas qu'en caractérisant la théosophie j'aie simplement énuméré les caractéristiques de la magie?

Dans l'Inde védique nous retrouvons la notion de fluide impersonnel qui est à la base de toute magie et qui, sous un aspect à peine plus abstrait, est devenue la conception fondamentale de la théosophie. Nous ne pouvons établir ce que fut la magie primitive dans l'Inde par des documents directs; l'Atharva-Véda est déjà un recueil sacerdotal qui appartient autant à la religion qu'à la magie. Mais même à l'époque tardive de ce recueil on peut remarquer: d'imprécision qui sépare les fluides impersonnels des démons personnels.... Ce qu'on nomme par exemple le *papman* « le mal » est tantôt du genre neutre, tantôt un être malfaisant: on parie des « déités

---

60  Cf. P. Oltramare. *L'histoire des idées théosophiques dans l'Inde.* Paris, 1906, gr. in-8, p. VI et VII.

dites *papman* », du « *papman* immortel à mille yeux » que l'on supplie de faire grâce et de rendre la liberté à sa victime [61]. »

Mais cette notion de *papman*, cette puissance impersonnelle, mauvaise qui se confond presque avec les démons redoutables, n'est qu'une force destructive ou plutôt une qualification mauvaise d'une puissance neutre plus générale, le Brahman.

Le Brahman est la force mystérieuse qui émane de tout ce qui est revêtu d'un caractère mystique, de tout ce qui possède une activité et une efficacité réelles. Le Brahman des Védas est la formule sacrée, le charme ou la prière, c'est aussi la force qui va de l'homme aux dieux ou des dieux à l'homme. C'est à la fois l'incantation et son énergie magique la puissance de la formule et la force de l'amulette. Certaines prières de l'Atharva-Véda nous le montrent déjà sous un aspect semi-divin et semi-personnel, elles exaltent l'Auguste Brahman « qui est la fin dernière et commune de l'être et du non-être ; ce en quoi la terre, l'atmosphère et le ciel ont leur réalité passée, présente et future. En lui résident le feu, la terre, le soleil, le vent ; les trente-trois dieux ne sont qu'un de ses membres ; il est l'habitacle des hymnes, des formules, des chants et du monde [62]. »

Le Brahman (force) est à la disposition du prêtre-magicien le brahman (homme) par la science sacrée des formules et des rites, des hymnes et des sacrifices ; mais il peut être également

---

61 H. Oldenberg. *La religion du Véda*, tr. V. Henry, Paris. 1903, in-8, p. 12.
62 P. Oltramare. *Loc. laud.*, p. 14-15.

employé en bien et en mal. Par les charmes omineux et les gestes néfastes il peut être déterminé à tuer ou à détruire [63].

Avec les Upanishad, le Brahman devient l'être en soi dénué de toute qualité et entièrement indéterminé. Ce n'est cependant pas une pure abstraction, c'est l'âme universelle, l'essence de l'essence des choses indéfinissable et inconnaissable, mais réelle et infinie. Il est aussi la réalité de l'âme individuelle *atman* et sous cet aspect limitatif connaissable Au reste, connaître l'âme individuelle c'est connaitre Brahman, car les âmes particulières ne sont que des individualisations de Brahman.

La nature, l'âme humaine, les esprits bons et mauvais devas et angiras ne sont qu'illusion ; cependant les Upanishad posent la réalité du monde objectif comme elles posent la réalité des démons et des dieux ; mais toutes ces réalités ont leurs fondements dans une unique et suprême réalité Brahman et cette unité fondamentale du monde cosmique, du monde humain et du monde pneumatologique se manifeste par le parallélisme du cosmos, de la psyché et des esprits [64].

« En tant que vent *vayu* l'atman est l'énergie qui se déploie dans la nature ; en tant que respiration *prana* il entretient la vie dans les êtres animés... Il y a quatre puissances lumineuses subordonnées à Vayu : le feu, le soleil, la lune et l'éclair ; il y a quatre forces psychiques qui leur correspondent une à une : la parole, la vue, l'ouïe et la pensée. Il y a cinq espaces cosmiques, cinq dieux, de la nature, cinq classes d'êtres

---

63 V. Henry. *La magie de l'Inde Antique*, p. 224.
64 P. Oltramare. *Loc. laud.*, p. 73, 91.

naturels; il y a cinq esprits vitaux, cinq organes des sens, cinq parties du corps. Il y a trois catégories cosmiques: le nom, la forme, l'acte; il y a trois catégories psychiques: la parole, la vision, la personne. Bref tous les éléments constitutifs du *Purusa* univers ont leur correspondant exact dans le purusa homme; la terre et le corps; le feu et la parole; le vent et le souffle le soleil et l'œil; la lune et la pensée; le tonnerre et le son, etc., etc.

« Qu'on ne croie pas d'ailleurs que les deux règnes soient juxtaposés... Cosmos et psyché ne sont en effet que les deux faces d'une même réalité, l'organisme psychique et l'organisme cosmique sont régis par les mêmes lois; connaître l'un c'est connaître l'autre; la prise que l'on peut acquérir sur l'un est une prise qu'on acquiert du même coup sur l'autre.

« Vrais l'un et l'autre, l'individu et le monde tirent leur vérité de Brahman qui est le réel [65]. »

Les trois grands systèmes philosophiques de l'inde, le Vedanta, la Philosophie Sankhya et le Yoga qui sont en même temps trois doctrines de libération et de salut se sont édifiés au moyen des matériaux préparés dans les Upanishad. Ce sont trois méthodes d'investigation mystique propres à favoriser la métempsycose, à aiguiller l'âme dans le sens de la désindividualisation et du retour au Brahman universel, Vedantins, Sankhyasins, Yogins lorsqu'ils sont arrivés par la connaissance parfaite à l'union avec le brahman, obtiennent du même coup des pouvoirs magiques de véritables pou-

---

65   P. Oltramare. *loc. laud.*, p. 91, 93.

voirs créateurs qui leur permettent de s'absorber dans le divin univers [66].

La notion de force magique et les grandes lignes de sa destinée se laissent enfin entrevoir à nos yeux. Au début c'est une énergie ou mieux un dynamisme indifférent, diffus et continu, une sorte d'éther mystique impersonnel, mais susceptible de s'incorporer les pensées et les volontés pour les refléter d'abord et pour les réaliser d'une façon presque surnaturelle.

Mais cette force indifférente se différencie nécessairement par les milieux qu'elle traverse, par les intentions qui la déterminent et théoriquement devrait se dissocier avec le temps en deux grandes forces opposées pour constituer une sorte de dualisme dynamique. En fait elle arrive assez rapidement à se confondre avec la notion d'âme, d'esprit bon ou mauvais et tantôt s'absorbe en eux comme dans les religions polythéistes ou théistes (notez qu'il n'y a point de culte vraiment monothéiste) ou tantôt les absorbe en soi comme dans le panthéisme.

Nous vivons encore de cette très vieille conception humaine, sans doute la plus ancienne et la plus vénérable de nos idées millénaires, et nombre d'esprits, non pas hindous, mais européens, y ont trouvé leur repos. Panthéistes ou monistes sont les héritiers d'une immémoriale tradition, ils continuent parmi nous une philosophie dont les premiers fondateurs, primitifs ou sauvages, méritent plus d'estime et de sympathie qu'on a coutume de leur en accorder.

---

66  P. Oltramare. *loc. laud.*, p. 376.

# CHAPITRE III

## LA PRODUCTION ET LE CULTE DE LA FORCE MAGIQUE

Nous comprendrons mieux encore ce qu'est la force magique si nous examinons au moins brièvement comment se comportent les primitifs à son égard.

L'art et le culte magiques ne se différencient guère dans la pratique, ils visent l'un et l'autre à des fins utilitaires produire ou capter la force magique et commander aux esprits bons ou mauvais, soit qu'on en espère un profit individuel ou un bien collectif. Nous n'avons à nous occuper ici que de la production de la force magique.

*I — La force magique des éléments*

Le mana [67], comme nous le savons déjà, est une sorte d'activité universelle ou de vie cosmique de nature

---

67    Nous emploierons le mot mana qui est un terme proprement mélanésien pour la force magique.

rieuse. Cette énergie diffuse dans l'univers est particulièrement manifeste dans les éléments, et l'on peut d'ailleurs les considérer comme des états plus ou moins condensés de la force magique. L'une des principales branches de l'art magique consiste précisément dans l'utilisation du feu, de l'air, de l'eau et de la terre afin d'accroître les forces magiques individuelles ou collectives.

Le feu avec sa flamme claire et brillante, sa fumée qui monte aux cieux est éminemment doué de force magique. Les feux périodiques ou saisonniers ont précisément pour but de multiplier cette énergie mystique, tels les feux de la St-Jean. Les animaux ou les hommes qui sautent par dessus ou passent à travers accroissent en eux la force magique, principe de santé et de fertilité. Les courses ou les batailles à torches allumées, les jets de roues ou de traits enflammés, les élémentaires feux d'artifice la répandent dans tout le territoire. Les charbons et les cendres de ces mêmes feux servent également à diffuser cette énergie, soit dans les semences, soit dans les terres [68]. Les feux perpétuels entretenus par une famille ou par une communauté rayonnent la force magique parmi tous les membres du groupe. Le feu joue un rôle dans les initiations : le baptême du feu n'est pas une simple lustration, il infuse en l'homme un feu mystique une force divine. La Pentecôte est essentiellement la descente d'un feu divin et d'une force

---

68    Cf. Mon étude sur *Le Renouvellement du feu sacré dans Les Temps sacrés et le Renouveau.*

mystique. Le feu apportait jadis à l'initié une surabondance de force, il procura aux apôtres la plénitude de la grâce.

La force magique de l'air ou du vent peut être emmagasinée soit dans des êtres vivants, soit dans des instruments matériels. Les courses d'hommes et d'animaux furent certainement considérées comme susceptibles d'augmenter l'énergie mystique des participants. Les rites du balancement, l'usage du flagellum ou de l'éventail ont également pour but de provoquer une sorte d'aspersion ou de précipitation d'air. L'origine des moulins à vent et des girouettes s'explique tout naturellement si l'on sait y voir des accumulateurs du mystérieux pouvoir des vents.

Les lustrations, les ablutions, les aspersions, les bains sont autant de manières de mettre êtres et choses en contact avec la force magique de l'eau. L'eau, l'eau courante, la rivière, le fleuve, l'étang, la mer sont éminemment purifiantes, mais plus encore fortifiantes. La force qui est dans l'eau passe dans le dévot et il se sent ensuite plus frais, plus dispos, plus alerte. Les moulins à prière, qu'ils soient mus par le vent ou par l'eau sont de véritables générateurs de force magique. On sait le rôle considérable de l'eau dans toutes les cérémonies magiques ou religieuses, spécialement dans les initiations. Ne parle-t-on-pas encore de l'infusion de la grâce par l'eau sainte du baptême ?

Toucher la terre passait autrefois pour un moyen de recouvrer ses forces. L'enterrement provisoire ou le barbouillage de l'initié augmentent en lui la force magique au point d'en faire un être nouveau. Les onctions de cendre ou de terre sont de véritables sacrements dans certaines sociétés primitives. La terre est toute pénétrée de force magique, d'elle germe la graine, monte la tige et jaillit la sève.

## II — *La force magique du fétiche et du totem*

L'homme ne se contente pas de puiser la force magique dans les éléments, il peut l'emprunter à certains êtres déterminés et définis avec lesquels il en retient des rapports de respect et souvent de quasi-parenté, soit qu'il s'agisse de rapports individuels ou de rapports collectifs.

*Fétiches.* — Les primitifs ramassent volontiers une pierre, une plante, une coquille ou tout autre être qui, dans un moment d'excitation, de transe ou d'inspiration, leur aura paru extraordinaire et singulier. Persuadés que ces objets sont particulièrement dotés de force magique et par suite qu'ils leur procureront toutes sortes d'avantages, ils les porteront sur eux ou les conserveront avec soin dans leur case. Ce sont là des fétiches [69].

*Totem individuel.* — Le totem individuel n'est plus un objet unique ou isolé, c'est une classe d'objets, le plus souvent

---

[69] Il est inutile de citer des exemples de cette pratique très connue ; mais on peut observer qu'elle correspond à une tendance profonde chez les âmes simples. Que l'on se rappelle le cas de cette malade du Dr P. Janet qui ramassait les objets les plus hétéroclites et les présentait ensuite comme des apports de Saint-Joseph. Cf. P. Saintyves *La simulation du Merveilleux*, pp. 215-221.

un animal : pie, tortue, kangourou, etc. Il existe une sorte de parenté ou de lien vital entre l'individu et son totem. Le totem individuel est pour son covivant une source de vie et sinon un réservoir de force magique, un canal par lequel il reçoit un afflux de la force magique universelle.

Comment le primitif peut il savoir que tel ou tel être, je veux dire telle ou telle espèce d'êtres, est susceptible d'être pour lui ce canal merveilleux de vie ou de force magique ? Il a pour cela au moins deux procédés d'information : le rêve et la divination. Les Australiens paraissent en général arriver à la connaissance de leur totem individuel en rêvant qu'ils se sont mués en animal de cette espèce. C'est ainsi qu'un homme qui, dans ses rêves s'était transformé plusieurs fois en lézard, croyait qu'il avait acquis du pouvoir sur ces animaux ; il gardait un lézard apprivoisé qui, disait-on, lui donnait une science surnaturelle et lui servait d'agent dans les maléfices. Cet homme était connu sous le nom de Bundjil Batalu (vieux lézard)[70]. Pour des esprits simples, ces rêves à auto-transformations animales ne pouvaient manquer d'être considérés comme des preuves objectives de parenté entre eux et l'animal dans lequel il se transformait. De là à conclure qu'ils sont liés par un rapport magique à ces parents de rêve et qu'une vie magique leur vient de ces animaux il n'y avait qu'un pas.

Tous les individus ne sont pas également aptes à ces sortes de rêves et par suite dans les clans où l'on jugeait nécessaire

---

[70] I. A. I. XVI. 34.

pour chacun de posséder un totem individuel, on imagina d'autres procédés de détermination. En Amérique, le totem individuel est en général le premier animal que voit en rêve un jeune homme pendant les jeûnes longs et solitaires que les Américains observent à la puberté [71].

Chez les Indiens de la Pennsylvanie, lorsqu'un garçon est à la veille d'être initié, « il est soumis à un régime alternatif de jeûne et de traitement médical ; il s'abstient de toute nourriture, il avale les drogues les plus énergiques et les plus répugnantes : à l'occasion, il boit des décoctions intoxicantes jusqu'à ce que son esprit soit dans un véritable état d'égarement. À ce moment, il a ou croit avoir des visions, des rêves extraordinaires auxquels tout cet entraînement l'a naturellement prédisposé. Il s'imagine voler à travers les airs, cheminer sous le sol, sauter d'un sommet à l'autre par dessus les vallées, combattre et dompter des géants et des monstres [72]. » On comprend que dans ces conditions se produisent des rêves d'auto-métamorphoses animales qui paraissent tout à fait indicateurs.

D'autres fois, mais moins fréquemment, le totem individuel se détermine par une série de dessins divinatoires. Chez les tribus de l'isthme de Tehuantepec, les parents d'une femme prête à accoucher s'assemblent dans la hutte et dessinent sur le sol les figures de divers animaux, les effaçant aussitôt

---

71    J. G. Frazer. *Le Totémisme*, tr. fr. P. 1898 p. 77.
72    Heckewelder. *An Account of the History, manners and Customs of the Indian Nations who once inhabited Pennsylvania*, dans *Transactions of the historical and Literary Committee of the American. Philos. Society*. I p. 238.

terminées. On continuait ainsi jusqu'à ce que l'enfant fût né, et la figure qui se trouvait alors sur le sol était le tona ou tolemn de l'enfant[73].

Ces rites de divination pourraient bien avoir comporté quelque arrière-pensée de contrainte. Le néophyte ou le novice qui se livre aux pratiques ascétiques exerce une sorte d'attraction sur le futur animal totémique et l'animal qui se présente tout d'abord ne fait que témoigner d'une sorte de parenté ou de sympathie spontanée. Les dessins exécutés sur le sol contraignent l'esprit ou la vie des animaux que l'on dessine à approcher de l'accouchée, et lors que l'enfant paraît, il y a une prise de contact inévitable entre cette vie animale magiquement évoquée et l'enfant nouveau-né. Il ne faudrait point croire cependant que les animaux vus eu rêve ou dessinés sur le sol sont absolument quelconques, ce sont ceux que l'on considère dans la tribu comme les mieux doués en mana et parfois même comme des êtres quasi divins.

Au reste, ces rapports une fois établis, l'individu s'assure la protection de son totem en renforçant le lien qui les unit ; soit en portant la peau ou les plumes dudit totem ; soit en le dessinant sur sa chair par un tatouage plus ou moins habile ; soit en en portant sur soi l'image ; soit en lui prodiguant des soins quasi-quotidiens. Dans certains cas, ces liens totémiques avaient une importance capitale. Chez les indigènes de l'isthme de Tehuantepec, non seulement l'enfant avait soin de son totem, mais il croyait que sa vie personnelle était liée à

---

73   Bancroft. *The Native Races... of North America*. 1. 661.

la conservation de celui-ci et qu'il mourrait en même temps. Chez les descendants des vieux Celtes, c'est encore l'usage de planter un arbre à la naissance d'un enfant et l'on admet que leurs deux vies sont liées; de là le thème de l'intersigne végétal. Si au loin l'enfant tombe malade, l'arbre se met à dépérir, si l'arbre meurt, on peut être assuré que l'absent est mort. Une légende berrichonne (XIII$^e$ siècle) rapporte que Saint-Honoré de Buzançais, partant en voyage, dit à sa mère que par le moyen d'un laurier qui avait été planté le jour de sa naissance, elle aurait à chaque instant de ses nouvelles : le laurier languira si je suis malade, et se desséchera si je meurs. Le saint ayant été assassiné, le laurier se dessécha à l'instant même [74]. C'est également à la croyance au totem individuel qu'il faut rattacher le thème fameux de l'âme extérieure. L'objet qui enclot l'âme, la préserve et rend par suite son maître immortel, n'est vraisemblablement qu'une ancienne forme de totem individuel [75]. Dans un conte serbe un être fabuleux nommé Pur-Acier tait la déclaration suivante : « Bien loin d'ici s'élève une très haute montagne ; dans cette montagne est un renard, dont le cœur contient un oiseau ; toute ma force est dans cet oiseau ». Le renard est pris et tué ; son cœur est arraché. Dans le cœur du renard on prend l'oiseau que l'on brûle ; au

---

74    Même trait dans la légende de St Corentin. Cf. : P. Saintyves. *Les saints successeurs des dieux*, p. 210. On trouvera de nombreux exemples dans Frazer, *Le Rameau d'Or*, tr. fr. II, 492-495.
75    Les tentatives que l'on a faites jusqu'ici pour expliquer cette notion ou ce thème de l'âme extérieure sont évidemment confuses et inadéquates.

même instant Pur-Acier tombe mort [76]. » Sur ce type il existe des centaines d'histoires [77] qui ne sont évidemment que des interprétations légendaires ou mythiques, des relations vitales que l'individu entretenait jadis avec son totem personnel.

L'individu souffre ce que souffre son totem ; mais surtout il bénéficie de ses qualités, de ses vertus, de sa valeur, de sa puissance, de son invulnérabilité, en un mot de sa force magique.

*Du totem collectif.* — Le totem collectif est une autre source de force magique de très grande importance. Le totem collectif est un être ou une espèce considérée comme entretenant des rapports mystiques analogues aux rapports de parenté avec un groupe d'hommes, généralement un clan, dont tous les membres peuvent être eux-mêmes tenus pour parents. Cette parenté entre le clan et son totem se justifie d'ailleurs ordinairement par un mythe : certains individus de l'espèce du totem sont censés les ancêtres ou les amis des premiers hommes dont tout le groupe descend. Les totems sont généralement des animaux ou des végétaux, mais ils peuvent être aussi des hommes ou des météores.

Que le totem soit riche en mana, nul doute et que pour cette raison même il faille avoir pour lui mille égards c'est chose avérée. On peut considérer le totem comme une source rayonnante ou un canal de force magique. « Le culte le plus

---

76    Mijatovics Serbian Folk-Lore édit. W. Denton, p. 172.
77    E. Clodd. Myths and Dreams. London, 1883, p. 188-198. J.G. Frazer Le Rameau d'Or, II, 441-488.

ordinaire chez les Pawnies est celui qu'ils rendent à un oiseau empaillé, rempli d'herbes et de racines, auquel ils attribuent une vertu surnaturelle. Ils disent que ce manitou a été envoyé à leurs ancêtres par l'étoile du matin, pour leur servir de médiateur quand ils auraient quelque grâce à demander au ciel. Aussi, toutes les fois qu'il s'agit d'entreprendre quelque affaire importante ou d'éloigner quelque fléau de la peuplade, l'oiseau médiateur est exposé à la vénération publique et pour le rendre propice ainsi que le grand Manitou dont il n'est que l'envoyé, on fume le calumet, et la première fumée qui en sort est dirigée vers la partie du ciel où brille leur astre protecteur [78]. »

Le totem est par excellence un médiateur de force magique : mana ou manitou et comme tel, il est protégé par de nombreux tabous destinés d'une part à le préserver de la destruction et d'autre part à éviter aux imprudents les effets maléfiques d'une décharge trop forte d'énergie mystique. Les Omahas, en général, croient que s'ils mangeaient de leur totem, même à leur insu, ils tomberaient malades, non seulement celui qui a mangé, mais aussi sa femme et ses enfants [79]. Les habitants de Wetar croient que quiconque mange son totem sera atteint de lèpre ou de folie [80]. Dans certains clans, on a cependant imaginé qu'il pouvait être utile non seule-

---

[78] R. P. de Smet, *Voyage aux Montagnes Rocheuses*. p. (18(3), in-8, p. 193-19.

[79] James, *Expedition to the Rocky Mountains*, II, p. 50.

[80] F. Riedel, *De Sluih en Kroesharige Rassen tuschen Selebes en Papua*. La Haye, 1886, p. 452.

ment de porter des amulettes d'origine totémnique ou de suspendre dans le village, l'image, la dépouille ou les restes du totem ; mais de le manger.

Seulement, cela ne se peut faire qu'en prenant mille précautions rituelles qui empêchent l'opération d'être nuisible ou même mortelle. Les cérémonies qui accompagnent le sacrifice du totem ont ordinairement pour but de rendre possible la manducation de cette nourriture éminemment fortifiante mais non moins redoutable.

Ce n'est pas ici le lieu de formuler une théorie complète de l'origine du totem. Nous pouvons dire cependant que le totem est en relation étroite non seulement avec le clan, mais avec les ancêtres et avec les forces magiques cosmiques. L'origine du totem semble être avant tout locale ou territoriale. Le totem est dans la plus étroite dépendance avec le sol de la tribu. *On peut définir le totem ou les totems, l'espèce ou les espèces dans lesquelles la vie ou la force magique se manifeste avec l'intensité la plus grande dans un territoire déterminé.* La plante ou l'animal qui abonde sur le sol du clan apparaît presque nécessairement à ses membres comme particulièrement doué de force magique, de là à le considérer comme une sorte de génie local et à le choisir comme protecteur à le traiter en parent riche et puissant il n'y avait qu'un pas.

Certains emplacements sont érigés en totems [81] sans doute en raison même de leur fertilité ou parce qu'ils sont considérés comme le lieu où se sont manifestées avec le plus d'éclat

---

81  Strehlow, *Die Aranta und Loritdja -Stamme* II, 52 et 72.

la vie et la force magiques, chaque totem a son centre, c'est là que l'on rencontre souvent les ancêtres du clan et il est assez fréquent que le totem de l'enfant soit celui même de la localité où la mère croit avoir conçu[82]. Durant l'initiation d'un waramunga, tandis qu'on lui peint sur le corps le symbole totémique, les opérateurs adressent à l'initié les paroles suivantes : « Cette marque appartient à votre localité, ne portez pas les yeux sur une autre localité ». « Ce langage signifie que le jeune homme ne doit pas s'ingérer dans d'autres cérémonies que celles qui concernent son totem ; elles témoignent également de l'étroite association qui existe entre un homme et son totem et l'endroit spécialement consacré à ce totem[83]. »

Un groupe d'hommes peut être pris pour un totem, précisément parce qu'il prospérait jadis dans le territoire dont le clan s'est emparé. Les météores ou les astres, pluie, neige, vent, lune, soleil, furent assez souvent traités en totem. C'est que pour le primitif ils sont étroitement associés au territoire, ils en sont les sources fécondantes. Le soleil et la lune sont pour eux des êtres nationaux. Et s'ils totémisent le vent ou la pluie, c'est qu'ils font partie de l'ambiance locale, du milieu territorial où s'épanouit la vie du clan.

---

[82] Spencer et Gillen. *Native Tribes*, p. 9.
[83] Spencer et Gillen. *North Tribes*, p. 584.

## III — Des instruments ou des objets rituels propres à condenser ou à produire la force magique

*L'emblème totémique.* — L'image d'un être attire en elle la vie de cet être, l'image du totem attirera donc le mana du totem et le rendra maniable. Et ceci semble tout le secret de ces fameux emblèmes totémiques, dans lesquels on a voulu voir une sorte de condensateur de la force collective et anonyme du clan. L'emblème totémique est le condensateur de la force de l'espèce totémique, qui elle-même est la forme bénie en laquelle se concentre toutes les forces cosmiques du territoire [84]. Par l'emblème totémique on provoque une épiphanie de mana et, grâce à lui, la vie se renouvelle dans toute l'étendue du territoire.

L'instrument magique est essentiellement un objet peint ou gravé qui reproduit ou schématise l'aspect du totem, ce peut être également un instrument qui mime directement la force magique conçue non plus sous sa forme visible, mais sous sa forme auditive, voix et souffle.

*La grenouille et le rhombe.* — Les « anciens » se rappellent encore tous d'un jouet qui fut jadis populaire dans nos campagnes. Il s'appelait *raillotte* en Bourgogne et *grondnard* dans le Morvan, mots qui signifient respectivement *rainette* et *frelon*. On le fabriquait d'un court morceau d'échalas aminci sur sa longueur et appointé à ses extrémités, puis attaché par l'une

---

84  Le drapeau porte encore en ses plis l'âme de la patrie, l'âme du sol où dorment les aïeux. Il a encore un caractère territorial.

d'elles à un bâton au moyen d'une ficelle. L'ensemble donnait l'aspect d'un fouet à manche court dans lequel la mèche était remplacée par un léger morceau de bois. Lorsqu'on imprime un mouvement de rotation au bâton le morceau de bois tend la ficelle et l'on obtient un bruit ronflant qui a une certaine analogie avec le grondement sourd et lointain de l'orage.

On retrouve le même jouet en Angleterre sous le nom de bull-roarer (rugissement de taureau)[85], où il est également composé d'un morceau de bois plat de forme rectangulaire appointé à ses extrémités, ayant l'aspect d'une feuille de laurier ou d'un poisson[86]. Les Allemands le connaissent sous le nom de Schwirrholz[87] (bois ronflant). On le retrouverait probablement dans toute l'Europe.

Signalons-le en passant chez les nègres Bambara (Soudan français)[88].

Cet instrument lut bien connu de l'antiquité, M. J. Ca par semble avoir démontré son existence dans l'Égypte ancienne[89]. Andrew Lang a établi qu'il fallait l'identifier avec le rhombe (ρομβος) de la Grèce antique[90]. Et il est certain qu'il y recevait une utilisation mystique. Un scholiaste de Clément

---

[85] Il se nomme *srannam* en gaélique qu'il faut prononcer strantham, Cf. A. Lang. *Mythes, Cultes et Religions* P., 1896, in-8, p. 68.

[86] A. Lang. Customs and Myths. London 1910, in-12, p. 30.

[87] J. D. E. Sehmeltz Das Schwirrolz. Hambourg, 1896, In-8.

[88] J. Henry. *L'âme d'un peuple africain. Les Bambara.* Münster, 1900, p. 80.

[89] J. Capard. *Les palettes en schiste de l'Égypte primitive.* Bruxelles.

[90] A. Lang. *The Bull-roarer* in Customs and Myths. 1910, p. 29-44.

d'Alexandrie écrit « le κωνος (c'est un autre nom du rhombe) est une petite pièce de bois attachée à une corde que l'on faisait tourner dans les mystères avec un bruit mugissant [91]. » Et je croirais volontiers que ce fragment des Orphiques nous a conservé une formule analogue à celle dont on accompagnait le tournoiement de ce curieux jouet. « Zeus est le premier et le dernier maître de la foudre ; Zeus est principe, Zeus est milieu. Tout vient de Zeus. Zeus est mâle, Zeus est nymphe immortelle, Zeus est la base de la terre et du ciel étoilé, *Zeus est le souffle de tout, Zeus est l'élan de la flamme indomptable...*[92] »

Au reste, examinons le rôle de la reinette dans les milieux où elle a encore actuellement un emploi mystique.

Dans le Queensland septentrional, les enfants s'amusent à faire ronfler des morceaux de bois plats fixés à une corde tenue à la main ou attachée au bout d'un petit bâton. Ces jouets ne sont jamais sculptés, mais parfois peints. Dans les districts du nord-ouest, des reinettes servent de jouets aux enfants des deux sexes ; dans d'autres régions du Queensland, seulement aux garçons lors de la première cérémonie d'initiation, ce qui indique que le rhombe présente ici, à quelque degré, un caractère (mystique) ; mais ils peuvent ensuite le faire ronfler en public même devant les femmes [93].

Dans toute l'Australie centrale et méridionale, la reinette est associée à des cérémonies magiques et parfois à un être sur-

---

91   Lobech. *Aglaophamus*. I p. 700.
92   *Orphica*. Ed. Mullach. Didot, I, 10-17.
93   A. Van Gennep. *Mythes et Légendes d'Australie*. 1905, p. LXX.

naturel auquel ne croient pas d'ailleurs les initiés, sauf en des cas très rares comme chez les Yuin de la nation Murring[94].

Chez les Waramunga les reinettes sont appelées *murtu-murtu*; les femmes et les enfants croient que son ronflement est la voix d'un esprit qu'ils nomment également *murtu-murtu*. Mais on enseigne au novice que cet esprit n'existe pas et que les grenouilles sont une catégorie de *magica* : « en les lui montrant on lui fait un certain nombre de recommandations : il devra obéir à ses aînés, ne pas avoir de relations avec des femmes d'une classe matrimoniale interdite ; ne pas manger de nourriture tabouée, apporter à manger aux vieillards et ne pas montrer les *murtu-murtu* aux femmes, aux enfants, ni en général à ceux dont il n'est pas sûr qu'ils soient initiés [95]. »

À quoi sert le rhombe, sinon à infuser à l'initié une force et une vie nouvelle et quelle est ici cette force et cette vie sinon la force et la vie magiques puisque la reinette ne met pas le novice en relation avec un dieu ou toute autre espèce d'être surnaturel.

Le tournoiement du rhombe produit un son aigu accompagné d'un vent fort sensible dans un court rayon et si l'on admet que d'après une des lois de la magie le semblable engendre ou attire le semblable, on doit penser qu'il est destiné à produire la force magique sous l'aspect de vent ou de souffle, mais sifflant et bruyant.

---

94    A. Van Gennep, p. LXXVII.
95    A. Van Gennep, p. LXXII.

III — PRODUCTION ET CULTE DE LA FORCE MAGIQUE 71

Nous voyons d'ailleurs les tribus du Golfe de Carpenteri rattacher les rhombes aux cyclones auxquels, suivant une légende, on doit leur invention[96].

Notons enfin que cette force magique engendrée par les reinettes n'est pas conçue de façon si métaphysique ou si abstraite qu'on ne puisse reconnaître qu'il s'agit bien du vent et du tonnerre considérés comme agents magiques. En Nouvelle-Zélande le coassement de la grenouille sert à faire lever le vent qui doit amener la pluie et l'hymne appelé « souffle » ou *haha* est un hymne au vent mystique prononcé par les prêtres Maoris au moment de l'initiation des jeunes gens[97]. Les Indiens du Canada nord-ouest modèrent ou calment la violence du vent en le flagellant, dit Petitot, avec un fouet semblable à une ligne de pêche, à l'extrémité duquel ils suspendent un poisson en bois léger[98]. Chez Les Kaffirs le vent s'élève lorsque tourne la reinette[99].

Il y a plus : Voici une partie du récit que font les vieillards de la tribu des Kaitish aux jeunes novices qu'ils veulent initier en leur présentant le rhombe.

« Deux hommes de la classe bulthara qui s'appelaient *Tumana* naquirent en un endroit appelé Urtumana… Le nom de Tumana est donné au bruit que fait le rhombe en tournant et les deux hommes étaient originairement émanés de chu-

---

96  Spencer and Giilen. *The Northern Tribes of Central Australia*. London, 1904, in-8, p. 278-280.
97  Taylor. *New Zealand*. p. 181.
98  E. Petitot. *Accord des Mythologies*, 1890, p. 75.
99  Theal. *Kaffir Folklore*, p. 209.

ringas. Ils entendirent *Atnatu* là-haut dans le ciel qui faisait ce bruit avec son *churinga* et voulurent l'imiter. C'est pourquoi ils prirent un morceau d'écorce, y fixèrent une corde et le firent tournoyer; mais il ne rendit pas le vrai son. Enfin l'idée leur vint de faire un *churinga* avec du bois de *mulga*; le succès répondit à leurs désirs et ils jugèrent que c'était vraiment cela [100]. »

Le bruit de la reinette est donc l'imitation des bruits du ciel évidemment en vue d'obtenir une manifestation des forces qui produisent les bruits célestes, c'est-à-dire le vent et le tonnerre. Cette autre légende de la même tribu nous en fournit la preuve: *Ainatu* est le premier qui fit le *churinga* et le fit tournoyer lors de l'initiation de ses propres enfants. « Maintenant, il est content lorsqu'il entend les hommes sur terre produire le bruit des rhombes en initiant les garçons; mais il est colère s'ils ne le font pas. Il a beaucoup de lances, et s'il n'entend pas les hommes agiter le rhombe lors de l'initiation d'un garçon, ou si celui-ci ne l'agite pas dès qu'il est sorti du buisson après l'opération, *Ainatu* se met en colère, rassemble ses lances et les agite violemment. Si les hommes ne font toujours pas ronfler le rhombe, *Ainatu* leur jette ses lances (c'est-à-dire le tonnerre) et tire à lui les hommes et les garçons. De même lorsqu'il entend le churinga ronfler au-dessous de lui sur la terre, il produit lui aussi le même bruit et initie un de ses fils [101]. »

---

100   Spencer and Gillen. *Northern Tribes*, p. 420.
101   Spencer and Gillen. *Native Tribes*, p. 499.

Dans cette même tribu des Kurnai la reinette que l'on présente aux nouveaux initiés porte le nom de *tundun* ou *turndun*. Dans le récit qui accompagne sa présentation aux novices, *tundun* est présenté comme le fils de Mungan-Ngana véritable héros civilisateur et instituteur des cérémonies d'initiation et l'on enseigne à ceux qui en trahiraient le secret qu'ils seront frappés par le feu de Mungan-Ngana, (le tonnerre?) ou mis à mort par les initiés [102]. Et pour mieux les persuader du pouvoir terrible du *tundun* on leur conte encore cette histoire : « Certains enfants des Kurnai découvrirent en jouant un turndun qu'ils emportèrent au camp et montrèrent aux femmes. Immédiatement la terre s'écroula et se couvrit entièrement d'eau et les Kurnai furent noyés [103]. » Ce furent évidemment les suites d'un orage épouvantable où le vent et le tonnerre agirent dans toute leur fureur.

M. Howit assistant un jour à une cérémonie chez les Yuins de la nation Murring fit ronfler une rainette. Aussitôt tous les hommes se mirent à sauter en poussant des cris de terreur : « Le ronflement du rhombe, expliquèrent-ils, représente le mugissement du tonnerre qui est la voix de *Duramulun*; c'est pourquoi ce son est le plus sacré qui soit... le tonnerre est sa voix, (et l'interlocuteur montrait le ciel) quand il dit à la pluie de tomber et de tout faire croître à nouveau [104]. » Durant les cérémonies d'initiation, après avoir fait sauter une incisive

---

102   A. Van Gennep, p. 153-154.
103   A. W. Howitt and Fison *Kamilaroi and Kurnai*. p. 268.
104   A. W. Howitt, *The Native Tribes of South-East Australia*. London, 1904, in-8°, p. 538.

au novice, on l'amène devant une figuration de Duramulun et on lui explique ce qu'il est, c'est-à-dire le héros civilisateur auquel on doit tous les instruments et tous les outils, auquel le magicien doit ses pouvoirs. Les nuits suivantes on se livre à des danses magiques parmi lesquelles la danse de *Duramulun*, c'est-à-dire la danse du *rhombe*, ce synonyme révélateur étant licite pendant la cérémonie [105].

Mais cette identification est pour nous tout aussi révélatrice. Jadis le rhombe ronflant ne fut rien autre chose qu'un générateur de la force magique qui se manifeste dans le souffle et la voix du ciel, car le grand magicien qu'est Duramulun n'est évidemment qu'une personnification tardive de cette force magique conçue comme voix et souffle. Il fut sans doute un temps où l'on enseignait à l'initié que Duramulun n'existait pas, sauf pour les femmes et les enfants; seule existait la puissance impersonnelle que l'on pouvait contraindre à se manifester par le rhombe. On connut certainement l'épiphanie de la force magique avant l'épiphanie du dieu et cette force n'était que souffle et voix.

L'instrument magique peut d'ailleurs reproduire à la fois l'aspect du totem et le son de la force magique. Le churinga australien est étroitement apparenté à l'emblème totémique et entre dans la constitution d'une sorte de rhombe. Or, il n'est pas douteux qu'il sert précisément à attirer la force magique du vent et de l'orage, ainsi que celle du totem; il sert d'ailleurs également à les activer. Cette conclusion peut donc

---

[105] A. Van Gennep, p. LXXVI.

s'étendre en toute certitude à l'emblème totémique. Le cas des churingas australiens n'est pas unique. Chez les Mélanésiens de la Nouvelle-Guinée anglaise, la grenouille (le Balumholz comme disent MM. Lehner et Zahn) est nettement décorée du blason du clan de caractère nettement totémique [106].

## IV — L'homme en tant que producteur de la force magique

L'homme lui-même, lorsqu'il a été soumis à un entraînement approprié, peut devenir un accumulateur et un projecteur de force magique. Le roi et le sorcier sont des sources permanentes de mana. Aussi peuvent-ils produire la santé ou la maladie, la pluie ou beau temps. Leurs qualités magiques dépendent en partie de leurs aptitudes naturelles ou héréditaires, mais de plus elles ont été développées et confirmées par des cérémonies exécutées soit par une société d'initiés, soit par le clan tout entier.

En eux, grâce à cette intervention collective, le mana cosmique a trouvé des canaux incomparables. Comme le totem ils portent des charges de mana formidables et leur approche ou leur contact veut une grande prudence, aussi comme le totem sont-ils entourés de tabous, d'égards et de respects.

Tout homme peut d'ailleurs provoquer en soi des états d'exaltation ou de transe, participer ainsi aux pouvoirs d'ac-

---

106    R. Neuhauss, *Deutsch-New-Guinea*. Berlin, 1910, III, p. 411.

cumulateur et de projecteur du roi et du sorcier. Les boissons et les fumigations susceptibles de déterminer l'extase ou l'hallucination peuvent être et sont souvent utilisées. La fixation d'une flamme, d'un objet brillant ou d'un miroir sont loin d'être inconnues pour les primitifs. Mais par de là tous ces moyens, il en est deux d'une valeur éminente, la danse et le chant. Les primitifs connaissent tous des rythmes, des psalmodies, des chants coupés de cris aigus et d'exclamations gutturales par lesquelles les chanteurs entrent dans un état d'excitation et parfois d'exaltation. La danse leur procure également une sorte d'ivresse, durant laquelle ils se sentent envahis par une vie ou une force qui les soulève, les transporte et les rend pour ainsi dire surhumains, les faisant participer au moins temporairement aux capacités réceptives du totem, du roi ou du sorcier.

Il est bien évident que le clan soutenu par des chœurs, entraîné en des danses collectives et se livrant tout entier à cette sorte d'ivresse magique peut réaliser des prodiges. Unis au sorcier, au roi, au totem, ornés d'amulettes, revêtus de déguisements totémiques, les membres du clan deviennent alors par la puissance du chant et de la danse une sorte de synergie manique attractive et projectrice un véritable organisme capable de déterminer une formidable épiphanie de mana totémique et cosmique qui se répand sur tout ce qui dépend du clan ou lui appartient, sol, bêtes et gens portant partout la fertilité.

Le culte magique est principalement orienté, car n'oublions pas qu'il comporte un culte des morts, vers la production de la force magique. C'est d'elle que l'on attend le renouveau, l'abondance des grains, la maturité des récoltes, la multiplication des animaux domestiques, la fertilité des femmes. C'est la force magique qui transformera l'enfant en adulte, l'adulte en initié ou en sorcier, qui permettra aux défunts de survivre et de prolonger leur existence dans l'autre monde. L'art de produire la force magique est un culte, c'est presque tout le culte du primitif, culte essentiellement utilitaire et intéressé, niais où l'on voit déjà poindre des préoccupations idéalistes. L'initiation procure à la fois une force et une science, une valeur personnelle et une autorité sociale. Elle poursuit non seulement des intérêts individuels et matériels, mais le bien de la communauté, l'intelligence et le talent de ses membres. Elle vise au delà de l'égoïsme, au delà du boire et du manger, c'est le rudiment d'une religion.

# CHAPITRE IV

## LA GENÈSE DE LA NOTION DE FORCE MAGIQUE

*I — Des formes à priori de l'imagination*

Dès que l'homme a pensé, il a tenté d'expliquer les phénomènes et d'en déterminer les causes. Ces tentatives aboutirent nécessairement à des représentations qui se ramènent à deux types : âmes individuelles ou puissances impersonnelles. Ces âmes et ces puissances sont des représentations imaginaires ou plus simplement des hypothèses.

Lorsque le savant moderne se trouve en face d'un phénomène nouveau dont il ignore la cause, avant même de tenter d'en déterminer les lois et pour guider sa recherche, il imagine lui aussi une représentation explicative. Et, chose remarquable, toutes les hypothèses dites scientifiques comme les hypothèses du sauvage, se ramènent également à deux types : la force et l'âme, les savants disent la force et l'atome.

L'imagination ne sait rien se représenter en dehors du temps et de l'espace, et l'on ne connaît aucune représentation imaginaire du réel qui n'appartienne, soit au type temporel, soit au type spatial. Ces deux types peuvent s'appeler les formes a priori de l'imagination. Au premier de ces types se rapportent la fluence, l'écoulement, le devenir, l'activité, c'est sur ce type que sont conçues les forces impersonnelles du magicien et l'énergie de la physique moderne. Au second type on rapporte la stabilité, la permanence, l'immutabilité, l'inertie. L'atome du savant et l'âme du sauvage sont de ce dernier type. Mais comment se fait-il que l'atome et l'âme appartiennent au type des représentations spatiales puisqu'ils sont indivisibles et que tout ce qui est étendu est divisible. L'atome et l'âme sont des formes individuelles et si elles sont indivisibles parce qu'individuelles, elles sont nécessairement imaginées parce que formes, sous l'aspect spatial.

Étant donné que notre imagination ne fournit que deux types de causes ou d'hypothèses, les causes individuelles et les énergies impersonnelles, le primitif, pour se représenter les êtres et les phénomènes sensibles devait donc nécessairement recourir à l'un ou à l'autre de ces deux types, la force et l'âme, l'impersonnel et l'individuel. Il ne pouvait imaginer le monde en dehors des formes a priori de l'imagination humaine.

La force magique fut sans doute conçue tout d'abord sous des formes concrètes car il est bien certain que l'esprit humain, voire l'entendement collectif, si tant est que ce ne soit pas là une pure métaphore, va du concret à l'abstrait et du particulier au général [107].

L'homme en face des éléments de la nature, l'air, l'eau, la terre, le feu qui sont des êtres de forme essentiellement indéterminée, on pourrait dire sans forme propre, fut tout naturellement porté à les concevoir sous l'aspect de forces ou de dynamismes. Cependant, on les voit et très tôt personnifier les mêmes éléments ; le vent et la mer, la pierre et le feu.

Il n'y a pas que les éléments dans la nature, il y a des vivants et parmi ceux qui nous intéressent davantage, il y a l'homme. Or, il fallait expliquer l'homme lui aussi et l'on pouvait le faire soit par une force interne analogue aux grandes forces élémentaires soit par une forme invisible, un fantôme ou mieux par un double doué d'une certaine quantité de force propre. Dès le début, sous l'inspiration de l'expérience sensible l'homme conçoit la vie sous l'aspect de souffle ou de flamme intérieure car le souffle et la chaleur du corps tombent sous les sens. Mais il ne tarde pas ou du moins semble-t-il (mais nous sommes si loin des origines) à se représenter le principe d'individualisation qui est en l'homme sous l'aspect d'un être concret de nature aérienne.

---

[107] Pour l'École Sociologique la notion de force magique résulterait de la vision de l'univers à travers la catégorie, efficacité envisagée comme catégorie de l'entendement collectif. Hubert et Mauss. *Loc. Laud*, p. 119-127. E. Durkheim. *Les formes élémentaires de la vie religieuse*. P, 1912, p. 293-342. L'idée d'efficacité, voire d'efficacité pure, n'est en réalité qu'une idée abstraite qui s'est peu à peu dégagée de la notion plus concrète de force magique.

Ainsi soit qu'il s'agisse de l'homme, soit, qu'il s'agisse de la nature nous voyons les représentations primitives de l'univers osciller entre le type temporel et le type spatial entre la force et l'âme. Ce phénomène s'observe encore de nos jours chez les savants modernes. Ne voyons-nous pas les chimistes se servir tour à tour de la notion d'atome et de la notion de force comme de béquilles utiles, chacune à leur heure, pour pénétrer plus avant dans le secret de la constitution des corps et des lois de leur activité.

## II — Des formes concrètes de la force magique
### Le feu

La notion de force magique sert à expliquer toutes les activités de l'homme et de la nature, la vie du vivant et la vie de l'univers, cet organisme géant. Mais cette généralisation se sent encore, chez les primitifs, de la nature de la force concrète qui leur a semblé la plus importante. Parmi les éléments, les anciens et avant eux les primitifs avaient distingué les éléments actifs : air et feu, des éléments passifs eau et terre. C'est principalement aux premiers qu'ont eu recours les primitifs pour expliquer l'univers. L'air qui est aussi le souffle et la voix ; le feu qui est aussi la chaleur vitale ont tous deux servis de types aux premières conceptions de la force magique.

Parmi les Indiens du Canada Nord-Ouest, Dindjié ou Loucheux, Déné peaux de lièvre, Déné Tchippenaways, la force magique semble se confondre avec le feu.

## IV — LA GENÈSE DE LA NOTION DE FORCE MAGIQUE 83

Le Père Petitot entendit souvent les Peaux de Lièvres et les Dindjié invoquer le feu en sa présence et prétendre qu'il les écoutait et leur parlait.

« Le feu parle quand il pétille. Il contredit les personnes qui discourent en sa présence et leur donne le démenti, lorsque le sapin embrasé fait entendre tout à coup un sifflement aigu. »

« Les Dené de l'extrême-nord admettent que chaque espèce d'être possède un feu spécial, invisible aux yeux des mortels, mais feu vivant animé et intelligent. Ils reconnaissent donc le feu des martres, le feu des renards, celui des gelinottes, le feu des rennes, celui des morts et même le feu du vent [108]. »

En Dené le feu s'appelle *kron* [109] et la magie *inkkronké* [110] ou « science du feu » mais le feu représente, semble-t-il »la force magique bienfaisante par opposition au vent qui semble représenter la force mauvaise.

On ne saurait s'étonner que dans un pays froid comme le Canada la force magique bienfaisante ait et promptement conçue sous l'aspect du feu et qu'il en ait été ainsi également pour les populations antiques qui ont vécu longtemps sur les hauts plateaux de l'Inde. Il est probable que le vent, la tempête, l'orage qui pour ces populations amenaient ordinairement une aggravation de froid, servirent à constituer la notion de

---

108   Émile Petitot. *Accord des Mythologies dans la cosmogonie des Danites.* p. 1890, n.12, p. 78-77.
109   E. Petitot, p. 76.
110   E. Petitot, p. 25.

force magique malfaisante et de fait il serait facile d'en montrer l'existence chez les Indiens du Canada par exemple. Un missionnaire n'hésite pas à assimiler au diable leur conception semi-flottante, semi-personnelle du vent [111].

Le dzo des Ewe de la Côte-d'Or signifie à la fois feu et magie [112].

Quant aux populations de l'Inde qui vinrent peupler l'Asie occidentale et débordèrent sur l'Europe, elles témoignèrent toutes plus ou moins de la place que le feu occupa jadis dans les représentations magiques de leurs ancêtres. Je ne parlerai point des sectateurs de Zoroastre, les Grecs d'Asie suffiront à en témoigner. Hippasus de Métaponte et Héraclite d'Éphèse expliquaient l'univers par le feu et de même que les Indiens du Canada par un feu intelligent ; et il est à croire qu'ils n'avaient pas inventé ce que l'on a appelé leur doctrine. Clément d'Alexandrie atteste qu'Héraclite avait beaucoup emprunté à Orphée. Ce ne sont pas d'ailleurs les seuls philosophes ioniens qui aient donné une large place au feu dans leur Physique. Parmi ceux qui admettaient plusieurs éléments générateurs, plusieurs principes des choses : Hippon de Rhegium adopte le feu, et l'eau, Enopide de Chio le feu et l'air, Onomacrite le feu l'eau et la terre, Empédocle le feu, l'eau, la terre et l'air. Quant aux stoïciens dont l'école fut vivante et puissante pendant près de cinq siècles, ils ont perpétué l'enseignement d'Héraclite.

---

111    E. Petitot, p. 83-84.
112    *Année Sociologique*, XI (1910), 138.

« Des quatre éléments dont tout est composé disent les stoïciens, il en est deux passifs et deux actifs : les premiers sont la terre et l'eau, les autres l'air et le feu. L'air lui-même n'est encore relativement au feu qu'une matière passive qui lui sert de véhicule. Le feu porté par l'air est la force qui le meut, et qui par lui meut tout. D'abord nulle partie de la nature, nul élément où ne se trouve le feu ; la terre en est remplie comme le prouvent et la chaleur de tant de sources qui jaillissent de son sein, et les flammes que lancent les volcans et l'étincelle que le choc arrache des veines mêmes d'un caillou ; l'eau devient solide dès que l'aquilon lui enlève sa chaleur ; ce qui maintient liquide fleuves, lacs et mers, c'est le feu. L'air même, le plus froid de tous les éléments, ne peut être nulle part privé de feu car l'air n'est que la vapeur en laquelle la présence du feu a converti l'eau. Le ciel enfin est tout composé de feu. »

« Ensuite, dans toute la nature c'est, avec la chaleur que s'allume périodiquement et s'éteint la vie ; et dans chaque être particulier, c'est d'une source de chaleur qui lui est propre que procèdent tous les mouvements et toutes les fonctions. Non seulement donc le feu est répandu partout mais partout c'est du feu que toute action procède, et c'est dans le feu que réside toute vertu. »

« Maintenant le feu que nous voyons ici-bas, et que nous employons aux différents usages de la vie, ne fait, livré à lui-même, que détruire, et détruire sans règle ni mesure tout ce qu'il rencontre. La vraie cause, la raison séminale des choses, produit au contraire et conserve ; et pour produire et conserver, elle procède avec mesure et avec ordre. Elle procède, par conséquent, selon la règle d'un art ; art primordial sur lequel tous les autres arts sont venus ensuite prendre modèle ; art infaillible, empreint d'une suprême raison. Or, cette marche assurée pleine de raison et d'art, c'est celle qu'on voit suivre aux astres, formés du feu céleste ; c'est celle qu'imprime aux plantes, en les faisant fleurir et germer, la chaleur du soleil. Donc c'est le feu seul du ciel qui, caché dans tous les êtres, de quelque nature et de quelque ordre qu'ils soient, est la raison et la cause de leurs mouvements et de leur vie. Ce feu céleste, dont la substance est une sorte d'air plus subtil que l'air proprement dit, un souffle, un esprit, πνευμα ; c'est ce qu'on nomme l'éther. »

« Dans chaque être et dans le monde entier, le principe actif peut donc être défini, suivant les stoïciens, un feu artiste *artifex*, marchant par une voie certaine à la production des choses, οδυ βαδισον εις γενεσιν ; et son nom est l'éther ou l'esprit [113]. »

Les premiers stoïciens viennent des contrées orientales et se posent en restaurateurs des vérités religieuses primitives. Par instants, ils font songer aux sauvages australiens dévoilant au novice que les esprits auxquels croient les femmes et les enfants ne sont que des allégories mensongères qu'il n'y a rien autre chose que la force, une force intelligente représentée par les instruments propres à l'appeler et à l'engendrer.

---

113  F. Ravaisson. *Essai sur le Stoïcisme*, P., 1856, in-4, p. 18-20.

IV — LA GENÈSE DE LA NOTION DE FORCE MAGIQUE 87

Mais tandis que les sauvages ne révèlent cette vérité suprême qu'en secret et à l'initié déjà éprouvé, les stoïciens vulgarisèrent cette doctrine afin de détruire la superstition qui avait envahi non seulement les esprits des enfants et des femmes mais ceux des hommes de tout Lige et de toute condition.

Les mythes, disaient-ils, défigurent la véritable image de la religion antique! Les premiers hommes avaient eu la vision de la vérité et avaient atteint dès l'abord les fondements de la doctrine que professent seuls aujourd'hui les philosophes. Sans doute ils avaient cru devoir se servir de métaphores, mais ce n'était là que la forme de l'enseignement ésotérique. En étudiant dans cet esprit les poèmes d'Homère et surtout les poèmes d'Hésiode il est facile de voir que les dieux ne sont que des personnifications de la nature et des forces divines qui l'animent crue leurs histoires ne sont que des allégories, des activités élémentaires du monde.

Comment ne pas reconnaître dans les dieux qui composent la cour de Zeus les formes divines que prend l'éther pour s'infuser dans les éléments et les êtres qu'ils gouvernent : Héra, Poséidon, Hadès ne sont que les noms divers que reçoit le dieu suprême suivant qu'il se manifeste dans l'air, dans l'eau, dans la terre obscure, de même Hephæstos ou Héraclès sont encore Zeus lorsqu'il descend dans le feu du foyer ou se manifeste dans le feu du ciel soit qu'il rayonne dans la nue ou qu'il vienne frapper la terre. La vie des dieux n'est qu'un tissu d'allégories où chacun pourra lire avec:quelque application toute la science physique des premiers hommes. Certes les mythes sont respectables. Ce sont les reliques de l'enseignement des premiers enfants ou des premières femmes mais il est temps, disaient-ils, de leur rendre la vie et d'en dévoiler le sens profond, de montrer à tous ceux qui peuvent comprendre l'éther sacré, le feu spirituel, unique activité et unique hypostase, soutenant de sa tension divine les hommes, la terre et les astres, tout l'immense univers [114].

## *III — Des formes concrètes de la force magique*
## *Le souffle*

Mais nous l'avons déjà dit il n'y eut pas que le feu qui servit de point de départ et de type concret pour les premiers concepts de force magique. Elle a été souvent conçue comme l'air ou le souffle.

Chez les Annamites, la vie a été identifiée au souffle, à la respiration ; mais de plus tout ce qui a quelque analogie avec le souffle humain passe pour doué de pouvoir magique, tels sont les odeurs, les vents, la flamme et la fumée.

Les odeurs sont considérées comme des effluves qui se dégagent des minéraux, des plantes ou des animaux. Elles sont d'ailleurs désignées par le mot *hoi* dont le sens principal est haleine. Toutes les odeurs en général sont réputées posséder un pouvoir magique plus ou moins grand, bienfaisant ou malfaisant selon que l'odeur est agréable ou désagréable

---

114    Cf. F. Ogereau. *Essai sur le système philos, des stoïciens*. P., 1885., p. 280-263.

L'encens et les narcisses ont une influence salutaire. L'ail, l'oignon, les cadavres ont une influence néfaste [115].

Les fumigations végétales et la fumée des sacrifices ont un pouvoir magique bien connu, mais il y a plus : l'identité de ces souffles chauds et brûlants avec la puissance magique est hardiment affirmée. « La fumée, dit une prière, s'élève dans l'espace et devient l'air pur ; l'air pur s'élève encore et devient éther ; l'éther est incolore, l'éther n'est rien que l'immatérialité subtile et puissante. C'est l'essence même du Bouddha, l'esprit du Bouddha. C'est la sagesse suprême. C'est la lumière éclatante, la lumière éclatante est la source de toute force latente, de toute puissance certaine [116]. »

Les vents ne sont pas autre chose que les mouvements de l'air et de l'éther et l'on comprend du reste qu'ils soient doués d'une grande puissance magique. Par leurs manifestations périodiques et saisonnières, ils manifestent la vie ou le souffle du monde [117].

Tous les souffles peuvent guérir, celui de l'éventail [118] comme celui du sorcier [119], mais non seulement ils restaurent, ils engendrent et ils créent.

À l'origine le monde était constitué par la grande monade, Thai ât. « Lorsque la monade respira, elle engendra par ses mouvements successifs d'inspiration et d'expiration

---

115   P. Giran. *Magie et Religion annamites*, p. 114-118.
116   P. Giran. *Loc. Laud.*, p. 115.
117   P. Giran. *Loc. Laud.*, p. 114-115.
118   P. Giran. *Loc. Laud.*, p. 95.
119   P. Giran. *Loc. Laud.*, p. 251.

d'abord le souffle mâle *duong*, puis le souffle femelle *am*. Ensuite ce mouvement respiratoire recommençant et cessant tour à tour, ainsi furent créés successivement des couples mâles et femelles, le ciel et la terre, le soleil et la lune, l'homme et la femme, la chaleur et le froid, la lumière et les ténèbres, etc., qui de leur double origine conservent la dualité comme caractéristique organique[120]. » Ce premier système est fort intéressant puisqu'il nous montre déjà clairement l'équation d'identité qui s'établit chez certains peuples non seulement entre le souffle et la force magique en général, force essentiellement créatrice, mais entre le souffle et la fumée, entre le souffle et le vent.

Dans l'Inde des Upanishads la force magique bienfaisante, le Brahman est essentiellement un souffle. D'après le Brahmakarmasamapian ou Rites sacrés des Brahmanes voici quelle est la formule d'adoration des cinq dieux du sanctuaire domestique (Vishnou, Çiva, Ganapati, Surya, Parvati).

« Om [121] ! Gloire au souffle de la respiration dans les poumons ! (prânâ vâyu) Om ! Gloire au souffle de l'expiration dans les bronches (Apâna) Om ! Gloire au souffle dans la bouche ! (Vyâna) Om ! Gloire au souffle dans tout le corps ! (Udâna) Om ! Gloire au souffle qui circule près du nombril ! (Samâna) Om ! Gloire à Brahm [122] !

---

120   P. Giran. *Loc. Laud.*, p. 30-31.
121   *Om*. monosyllabe mystique formé des trois lettres a, u. m, représentant la trinité brahmanique.
122   A. Bourquin dans les *Annales du Musée Guimet*, 1884, in-4, VII, 59.

Cette prière nous révèle que les cinq grands dieux ont des affinités profondes presque d'identité avec les cinq grands souffles vitaux qui sont en l'homme Cela ne doit pas nous étonner puisque le fond même de la substance des uns et des autres, leur hypostase commune est Brahman [123].

Parmi les cinq esprits vitaux la suprématie appartient au *prânâ* (souffle de l'expiration) et à l'apânâ (souffle de l'inspiration). Non seulement le prânâ s'identifie avec le souffle de l'homme mais avec la vie universelle. La Taittiriya Upanishad déclare que : « Les dieux, les hommes et les animaux respirent au moyen du prânâ. Le prânâ, ajoute-t-elle, est en effet la vie des créatures, c'est pour cela qu'il est appelé la vie universelle [124].

Les esprits vitaux sont des puissances répandues dans tout l'univers sous l'aspect des cinq éléments aussi ceux-ci leur sont-ils subordonnés. Et de même que vyâna est répandu dans toute l'économie, le vent vayu est sans cesse en mouvement et circule dans tous les êtres [125].

Parmi les récits brahmaniques de la création, il y en a plusieurs qui dérivent visiblement de la notion de souffle, pris comme type de la force magique universelle. Dans la Çatapatha-Brahmana, nous voyons Pradjâpati le Seigneur des créatures ou Brahma Swayambhu former le monde au moyen du souffle.

---

123   P. U. T. Cordier. *Étude sur la médecine hindoue.* P. 1894, p. 43.
124   P. U. T. Cordier. *Loc. Laud.*, p. 44.
125   P. U. T. Cordier. *Loc. Laud.*, p. 75.

« Pradjâpati, dit-elle, créa les êtres vivants. De ses airs vitaux supérieurs, il créa les dieux ; de ses airs vitaux inférieurs, les créatures mortelles. Ensuite, il créa la mort qui dévore les créatures [126]. » Dans un autre passage, la voix est substituée au souffle ou plutôt le souffle agit sous forme de voix. « En prononçant tour à tour et par trois fois les mots : Chah, Chuvat et Svah, Pradjâpati engendra la terre, l'air et le ciel ; le Brahman, le Kchattry, et le Vaiçya, c'est-à-dire les prêtres, les commerçants et les guerriers ; puis enfin il s'engendra lui-même avec la postérité et les animaux [127]. » Toutefois, si le Brahman souffle est la force magique essentielle, on ne méconnaît pas que les divers sens de l'homme sont également des sources de force magique, de même l'air atmosphérique. Le prânâ est parfois identifié avec la vue, le vyana avec l'ouïe, l'apâna avec la voix, le samana avec l'esprit (le *mens* des latins), l'adana avec l'air atmosphérique [128].

Le récit suivant de la création n'est guère moins catégorique : Dans le principe Pradjâpati était seul ; mais il eut ce désir « Créons de la nourriture et multiplions-nous ». Il forma des animaux de son souffle, un homme de son esprit (mens), un cheval de son œil, un taureau de sa respiration, un mouton de son oreille, un bouc de sa voix [129]. Il reste néanmoins que c'est

---

126   X, I, 3, 1.
127   II, I,4,11.
128   P. U. T. Cordier, p. 42.
129   *Çatapatha Brahmana*, VIII, 5, 2, 6.

la notion de souffle identique au fond avec celle de vie qui a fourni aux Hindous leur idée générale de force magique.

On retrouverait d'ailleurs le même processus chez les Arabes où les mots *nefs* et *roùh'* qui veulent dire esprit et souffle servent précisément à désigner la force magique[130]. La force magique se retrouve encore dans le souffle du sorcier [131], les paroles magiques et l'incantation [132] ou même dans le souffle guérisseur [133]. Mais ici il faudrait faire une large part à la force magique considérée comme le pouvoir de l'œil ou le feu du regard.

Pour le primitif l'œil dégage de la lumière et l'emmagasine : l'œil bleu goutte de l'azur céleste, l'œil fauve éclat du soleil, l'œil noir miroir des nuées sombres, tous reflètent la lumière des cieux. Ne parle-t-on pas encore de l'éclair du regard ou de la flamme des yeux ?

L'œil trahit en effet le feu intérieur de la vie et réfléchit non seulement tous les feux de la nature mais aussi la flamme dansante du foyer. Dans l'esprit du primitif, toutes ces notions d'éclair, de feu, de lumière, de flamme s'identifièrent

---

130   Ed. Doutté. *Magie et Religion du nord de l'Afrique.* Alger, 1909, p. 316.
131   Ed. Doutté, p. 88-90.
132   Ed. Doutté, p. 103.
133   Ed. Doutté, p. 316 ; 343. Cf. : Osman Bey. *Les Imans et les Derviches* P., 18-81,in-12.p. 96 97. Dr F. Bottey. *Le magnétisme animal* P., 1882 in-12, p. 275-276. - Dr Veresaief *Mémoires d'un médecin* P, 1902, in-12, p. 243.

avec la vie, ce souffle chaud, ce souffle brûlant, avec la vie qui est souffle et chaleur, vent et flamme, air et feu.

La notion sémitique de la force magique existait chez les Hébreux dès les plus lointaines origines. La *ruh* que les Septante traduisent par πμευνα et la Vulgate par Spiritus est en effet une force analogue à l'air ou au vent. Cette force est d'ailleurs un principe d'explication universel. Pour les anciens Hébreux tout devait se ramener à un vaste pneumatisme. La ruh est un vent mais un vent spirituel. Elle se confond avec le souffle brûlant du désert et se manifeste particulièrement dans l'orage, le vent accompagné de tonnerre et d'éclairs comme sur le Sinaï. Lorsque Ézéchiel veut ressusciter les morts de son peuple, il appelle la ruh, et ce vent mystérieux accourt des quatre points cardinaux, pénètre dans les cadavres et les ossements, et les morts se dressent sur leurs pieds [134].

Au début de la création c'est la ruh qui plane sur les eaux, la ruh est créatrice, c'est la ruh qui anime le corps de terre pétri par Dieu lors de la création de l'homme. L'âme souffle vient du souffle de Dieu et retourne à lui.

> *Tu caches ta face, ils sont éperdus*
> *Tu retires ton souffle (ruâh) : ils expirent*
> *Et retournent à leur poussière*
> *Tu envoies ton souffle (ruâh) : ils sont créés*
> *Et tu renouvelles la face de la terre* [135].

---

134   Ez. XXXVII, 14.
135   Ps. CIV, 29-30.

Ce souffle vital est d'ailleurs une force impersonnelle qui peut se diviser et se fragmenter comme l'air ou le vent. Lorsque Élie et Élisée eurent passé le Jourdain dont Élie avait séparé les eaux avec son manteau, le maître dit à son disciple : « Demande ce que tu veux que je fasse pour toi avant que je sois enlevé d'avec toi ». Élisée répondit « que j'obtienne, je te prie, une double portion de ton esprit » ce qui advint et ce que tous ceux qui étaient là reconnurent quand Élisée ayant ramassé le manteau qu' Élie avait laissé tomber il en frappa les eaux du Jourdain qui se séparèrent [136].

Il semble bien que ce passage du Livre des Rois suppose implicitement la doctrine suivante : Le commun des hommes possède une âme faite de deux ou trois portions de rouah ; mais les prophètes et avant eux les sorciers d'Israël possédaient une âme faite de cinquante ou cent portions de rouah. Plus l'homme a de rouah plus il est puissant, plus il a le regard perçant et pénètre l'avenir, plus il opère de prodiges, plus il montre de sagesse. Jéhovah dit à Moïse : « Assemble-moi 70 hommes des anciens d'Israël, amènes-les à la tente de réunion et qu'ils se tiennent là avec toi. Je descendrai et je te parlerai. Je prendrai de l'esprit qui est sur toi et je le mettrai sur eux afin qu'ils portent avec toi la charge du peuple et tu ne le porteras plus toi seul [137]. »

La *ruh* n'est pas seulement un principe de vie, mais elle est la source de l'inspiration poétique et prophétique, la

---

136   II. Rois, II, 9-15.
137   Nombres XI, 16-17.

vaillance du guerrier et des héros, la force mystérieuse du thaumaturge[138].

Cette notion primitive servit par la suite d'hypostase aux Élohim et à Iaweh, mais sans disparaître, car elle survécut, sous une forme spiritualisée métaphysique et morale qui servit à expliquer les relations de Iaweh et de l'univers, la continuité de la création, les communications de Dieu et des âmes. Dans le fond de la pensée hébraïque, survit la notion du souffle magique qui sortait de la bouche du sorcier ou montait des déserts comme une vague brûlante.

En réalité, les sauvages furent aussi des hylozoïstes à peu près au même titre que les philosophes grecs antésocratiques, ils conçurent la nature comme vivante et les vivants leurs apparurent comme des combinaisons variés des éléments, tout spécialement des éléments actifs comme l'air et le feu.

La conception de force magique fut l'œuvre des premiers philosophes naturalistes et j'imagine volontiers quelque Anaximène américain poursuivant des songeries sur l'air primordial, éternel et générateur en regardant s'envoler les volutes de fumée qui s'échappaient de son calumet ou encore quelque Héraclite mélanésien bâtissant des théories sur le feu qui anime l'homme et l'univers en tisonnant son foyer dont les flammes dansantes s'échevelaient dans sa hutte.

---

138 Cf. P. Volz. *Der Geisi Gottes und die verwandten Erscheinungen im alten Testament und im anschliessenden Judentum*. Tubingen, 1910, pp. 9-11, 78-145.

## IV — Des formes intelligentes de la force magique
## La voix et le tonnerre

En réalité les philosophes primitifs qui ébauchèrent, élucidèrent et développèrent la notion de force magique ne furent pas de simples physiciens ; ce furent plutôt des physiologues Le monde leur apparut comme un être animé au même titre que le vivant. Certes c'était un vivant gigantesque et formidable quoiqu'il ait semblé relativement fort petit aux premiers hommes ; mais il y a des vivants si singuliers et si bizarres. Au reste il ne sembla pas trop difficile à nos ancêtres d'esquisser une physiologie de l'univers sur le modèle de la physiologie humaine. Lorsqu'on se contente d'analogies il est facile de bâtir une science universelle.

L'homme et l'univers furent conçus non seulement comme vivants mais comme intelligents et par suite de même que le feu des stoïciens était un feu artiste ou intelligent, la force magique du sauvage était une force artiste ou intelligente. Il est, dès lors, facile de comprendre que la force magique se soit presque partout identifiée avec les activités les plus propres à manifester l'intelligence, le geste qui mime, dessine, écrit et avec la voix qui exprime, définit, signifie. Nous ne parlerons pas ici du geste, cela nous entraînerait trop loin. Au reste, la voix ne s'accompagne-t-elle pas nécessairement d'une certaine mimique et sinon du geste du moins de mille modifications de la face.

Il est bien facile de comprendre que la force magique se soit presque partout identifiée avec la voix de l'homme et avec la voix du ciel. La voix c'est encore le souffle mais modulé, articulé, chargé de mots et de pensée, et la voix est aussi une forme chaude de la vie, souvent l'homme cesse de parler bien avant de cesser de vivre. La parole peut échauffer et éclairer, la parole peut brûler, il y a des éloquences incendiaires. Mais cette chaleur se manifeste surtout par l'expression ; le feu du discours ne dépend pas tant de la température du souffle que de la valeur des mots, de leur pouvoir sur l'imagination et sur l'esprit. Aussi ne saurions-nous nous étonner si pour beaucoup de gens la magie est essentiellement incantation ! En fait, il n'y a point de magie où l'incantation n'occupe une place considérable et prépondérante.

Au sens propre, le mot *orenda* signifie prières et chants, psalmodie et incantation et le sens du mot nous est confirmé par celui des mots correspondants dans les autres dialectes iroquois. Le pouvoir magique, la cause magique pour les Hurons est essentiellement la voix et non seulement la voix de l'enchanteur, la voix du chaman ou les voix humaines en général, mais tous les sons qu'émettent les choses, toutes les voix de l'univers. Les oiseaux qui chantent, les animaux qui crient, les plantes qui bruissent, le vent qui hurle ou qui gémit, l'orage qui gronde, c'est de l'*orenda*. « La cigale est appelée le *mûrisseur du maïs* car elle chante les jours de soleil, c'est son orenda qui fait venir la chaleur et fait pousser le maïs [139]. »

---

139    Hewitt. *Orenda* dans American Anthropol. 1902, p. 38.

# IV — LA GENÈSE DE LA NOTION DE FORCE MAGIQUE

Il semble tout d'abord assez difficile de se faire une idée précise de ce que fut la magie en Égypte et de s'assurer si on y connaissait la notion de force magique. Cependant, il est hors de doute que les Égyptiens ont admis l'existence d'une énergie magique et que d'autre part les textes connus expliquent le pouvoir magique par la possession et la science des formules [140]. Et peut-être en pouvons-nous inférer que le pouvoir magique qu'ils identifiaient ainsi avec la voix était pour eux identique au souffle. La vie est précisément un souffle, une force qui peut s'échapper du corps et qu'on y tient attachée au moyen de nœuds et de liens magiques [141]. La voix ou le souffle est la force qui va des prêtres aux dieux et des dieux aux prêtres. Les offrandes sur l'autel ne passent réellement aux dieux qu'après avoir été *nommées* et *attribuées* par les paroles rituelles. « Le prêtre c'est-à-dire le roi en personne possède en effet le privilège des êtres divins, qui est de créer les êtres et les choses en les nommant ; il a la « *voix créatrice* » par laquelle les démiurges ont organisé le monde, il est *mâ khrôou*. Le dieu lui-même dont la puissance est annihilée ou amoindrie au début des rites, redevient « créateur » et « vainqueur » au contact du prêtre et au son de cette voix puissante et créatrice ; à son tour, il pourra mettre au service du prêtre sa propre force magique, sa voix créatrice, son fluide de vie, au moment où ceux-ci lui ont été renouvelés. Le culte nous apparaît donc comme un échange de forces et d'influences

---

140    A. Moret. *Au temps des Pharaons*, p. 1908, in-12, p. 275.
141    A. Moret, id. p. 249.

magiques qui vont alternativement du prêtre au dieu et du dieu au prêtre. C'est la partie de la religion égyptienne qui est restée le plus près des pratiques primitives où la sorcellerie et la magie tenaient plus de place que le mythe et la prière[142]. »

L'homme, vivant ou mort, le démiurge ou le dieu qui sont *mû khrôou*, possèdent des voix justes, des intonations vraies, dit M. Maspéro[143], ils ont des voix réalisatrices ou créatrices dit M. Moret[144]. Je dirais plus volontiers qu'ils ont une *voix efficace*. La voix efficace n'est-elle pas à la fois salutaire et créatrice et ne doit-elle pas être juste et posséder l'intonation requise.

Le mot *mâ* signifie précisément l'efficacité ou la force magique. Cette force, le plus ordinairement associée à la voix ou au souffle, est fréquemment associée à l'œil et à la vue. Les hymnes nous ont conservé des définitions précises du pouvoir créateur de la voix du dieu comparé à celui de ses yeux : « Les hommes sortent de ses yeux, les dieux se manifestent sur sa bouche[145]. »

Et là comme ailleurs, la voix des êtres spirituels, hommes ou dieux a été identifiée avec le vent, et l'orage. Dans certains cas on voit clairement que la voix des dieux n'est rien que la foudre éclatante ou mieux le grondement du tonnerre. On

---

142    A. Moret, *loc. cit.* p. 269-270.
143    Maspéro. *Études de Mythologie*, I. p. 93-114.
144    A. Moret. *Rituel du Culte divin*, p. 153-165.
145    A. Moret. *Rituel du Culte divin*, p. 154-155.

plaçait le sceptre éclair, comme le sceptre, foudre aux mains des dieux et des morts osiriens [146].

La doctrine du λογος dans Héraclite est en rapport étroit avec la voix du tonnerre dans l'orage. Cette voix divine se confond avec le tonnerre, l'éclair, le feu raisonnable et éternel qui tient les rênes du monde. Cette voix à la fois brûlante et tonitruante se confond précisément avec le souffle créateur.

Les deux premiers exemples sont éminemment typiques et instructifs, car ils font éclater la confusion des notions de voix et de souffle, presque leur quasi identité dans l'esprit des Mélanésiens et des Égyptiens primitifs, et nous font sentir l'identité des notions de voix et de son.

Tous les sons et tous les bruits de la nature sont des véhicules de force magique, comme le bruissement des arbres et les cris des oiseaux dont le rôle prophétique dans maintes religions primitives est assez connu de tous ; mais parmi les voix de la nature, il en est une qui est particulièrement puissante et formidable : c'est la voix du vent et la voix de l'orage : hurlements et tonnerre. Pour les anciens et pour les primitifs, le tonnerre est un vent brûlant auquel se mêle parfois des éclairs dus aux frottements atmosphériques, et au choc des pierres engendrées par la condensation des exhalaisons sèches. Mais le tonnerre est non seulement souffle et feu, il est encore une voix, une voix véritable et prophétique. Tous ne peuvent la comprendre mais les magiciens, ceux qui connaissaient les

---

[146] A. Moret. *Rituel du Culte divin*, p. 157-160.

secrets de la nature, en tiraient des augures de même que du roucoulement des colombes ou du bruissement des chênes.

## *CONCLUSION*

La force magique se manifesta d'abord chez les primitifs sous les aspects les plus concrets : souffle, flamme et voix et sous ce triple aspect il est facile de saisir la genèse du concept. C'est là en effet une triple réalité qui apparaît à la fois dans l'homme, dans les êtres vivants et dans l'univers.

Cette triple puissance insaisissable et indéfinissable, par son indétermination même, éclate en l'homme toujours présent. Le souffle, la voix, le regard enveloppent l'enfant de tendresse et de chaleur, l'homme fait, de sympathie et d'amour et savent créer pour tous une atmosphère heureuse où l'on sent circuler des forces qui unissent et qui lient. Le souffle, la voix, le regard de l'ennemi, du méchant sorcier ou de l'homme en colère créent au contraire une atmosphère néfaste et sans que l'on soit l'objet de leurs pensées, on craint leur voisinage, ils ont des accents qui troublent, secouent, ébranlent ; des regards chargés d'une force mortelle. Ce furent là des expériences très objectives, très concrètes et non moins inévitables, puisque l'homme naît de l'union de l'homme et de la femme et par sa fragilité même est obligé à vivre en société.

Le souffle, la voix, le regard de l'homme n'étaient pas isolés dans le monde sensible. L'expérience journalière avait mis l'homme en rapport avec les plantes et les animaux, les astres et les météores. Les animaux ont eux aussi un souffle, une voix ou un cri, eux aussi ont un regard. Des comparaisons furent nécessairement instituées. En eux résidaient des forces semblables à celles qui étaient dans l'homme. Les plantes elles aussi parlent ou bruissent, respirent et leur haleine est chargée de parfum; l'éclat de leurs fleurs est l'éclat de leur visage ou de leur regard. Mais où les comparaisons triomphent c'est à propos des grands phénomènes atmosphériques qui se confondent avec les phénomènes, célestes. Les primitifs ont été tout particulièrement frappés par le souffle, la voix et l'éclat du vent car il recèle dans ses flancs le tonnerre et l'éclair, le nuage n'est qu'un air humide, un vent condensé. Et non seulement le primitif a comparé le souffle humain au vent, ce souffle du ciel, la voix humaine au tonnerre, cette voix d'en haut, le regard de l'homme à l'éclat de la foudre, mais par une généralisation hâtive aidée sans doute par la pauvreté d'un langage qui le condamnait à grouper nombre de phénomènes simplement analogues sous une appellation, unique il a confondu toutes ces divines puissances en une seule qui est la notion de vie ou d'activité et qui devint celle de force magique. Les peuples sauvages furent les premiers hylozoïstes et bien avant Anaximène ou Héraclite ils ont connu la théorie du souffle ou du feuvie et bien avant les poètes philosophes antésocratiques ils avaient conçu le monde comme une sorte d'organisme géant dont la force magique: tonnerre, vent, éclair était la voix, le souffle et le regard.

Cette notion est donc le fruit d'une observation et d'une généralisation. L'observation était certes grossière et superficielle ; mais elle n'en semblait pas moins parfaite, n'embrassait-elle pas l'univers ? D'ailleurs, elle était guidée par un sentiment fait du souvenir de toutes les émotions provoquées par les manifestations humaines ou célestes tendresse de la voix maternelle, joie du chant des oiseaux et du vent printanier, terreur de la haine du sorcier, de la rage de la bête féroce, ou de la colère du vent d'orage. La similitude de l'émotion provoquée par toutes ses forces et par les sentiments qu'elles portaient avec elles créaient entre tous ces souffles, toutes ces voix, tous ces regards un lien commun un lien profond et leur contusion s'imposait. Mieux encore, en un sens cette confusion était fondée. Toutes ces activités étaient des manifestations de la vie universelle et toutes les émotions qu'elles avaient engendrées n'étaient qu'une émotion unique, l'émotion de l'homme en face de la vie. Il y a plus encore ; la vie, la vie universelle apparut au primitif comme douée d'intelligence, de cette intelligence qui, en lui-même jetait des lueurs vacillantes et qui dans la marche des astres prenait un éclat souverain. Et il arriva un jour où les premiers penseurs parmi les sauvages, Anaxagores du vieux temple thébain ou de In hutte enfumée entrevirent la pensée et l'intelligence comme dominatrices, dominatrice du souffle et du vent et de toutes les autres forces matérielles, dominatrice de la vie et de toutes ses formes et ce dut être un émoi profond pour ces premiers penseurs car quel autre nom leur donner lorsqu'ils pressentirent le primat effectif de la raison quand ils devinèrent que ce qui importait dans la voix ce n'était pas le son, mais le sens, lorsque dans la voix créatrice ils pressentirent le Logos et tentèrent de faire comprendre aux plus intelligents de la tribu qu'ils étaient d'autant plus hommes qu'ils possédaient plus abondamment la force magique sous la forme du verbe. J'imagine que le balbutiement de ces premières généralisations provoqua chez ceux qui les formulèrent comme chez les auditeurs capables de les saisir, une crainte respectueuse, une admiration contagieuse et un étonnement collectif. Lorsque naquit ce sentiment car il s'agissait d'une pensée tout embuée d'émotion, lorsque la raison se conçut ou plutôt se devina pour la première fois, les hommes sentirent qu'ils touchaient au mystère le plus secret de leur être et du monde. Ils n'eussent point dit avec Pascal : L'homme n'est qu'un roseau, le plus faible de la nature, mais c'est un roseau pensant, car le ciel et la terre leur apparaissaient tout aussi gros de pensée qu'eux-mêmes, mais ils comprirent qu'ils touchaient à l'essence des forces mystérieuses, à la force magique par excellence, que ce mystère surpassait la raison des enfants et des femmes et ne devait être révélé que dans les initiations.

La force magique, puissance impondérable et intelligente, apparut tôt comme l'un des suprêmes secrets de l'humanité ; mais ne l'oublions pas, cette conception essentielle commença par une contemplation du feu, du souffle et de la voix et par une universalisation enfantine de ces notions concrètes.

# CHAPITRE V

*I — L'Hypothèse de la force magique et son équivalent occultiste*

L'esprit humain ne peut expliquer l'activité du monde que par la force ou l'âme, l'énergie ou l'atome. Nous l'avons déjà dit ; il est bon de le redire. L'hypothèse du mana a-t-elle précédé celle de l'âme, le dynamisme est-il antérieur à l'animisme, on serait bien embarrassé pour conclure de façon ferme. À la vérité tous les hommes ne sont pas construits de même, si les uns sont principalement visuels, les autres sont plutôt moteurs ou auditifs. Il n'est pas douteux que leur forme d'imagination incline les uns à se représenter les choses sous l'aspect dynamique, les autres sous l'aspect animiste. Il en est ainsi, il y a longtemps qu'il doit en être de même.

Le phénomène de l'attraction du fer par l'aimant est connu de temps immémorial. Il nous semble aujourd'hui qu'il faille presque nécessairement l'expliquer par une action fluidique ou énergétique. C'est là un effet de la suggestion scolaire. Dans l'antiquité classique où le polythéisme officiel et le poly-démonisme populaire avaient peuplé de dieux, d'esprits, de héros, d'âmes de toutes espèces la nature entière, on se représentait volontiers l'aimant comme doué d'une âme exerçant par sympathie une puissante attraction sur le fer. Les dynamistes étaient rares. Il n'y a guère que ceux qui avaient une tendance constitutionnelle à construire toutes choses et par suite à se représenter l'univers sous l'aspect dynamique qui concevaient le magnétisme sous cet aspect. Le philosophe Thalès tenait le monde pour animé et enseignait que l'âme du inonde était répandue dans toutes ses parties. Cette âme, disait-il, mêlée à tout, se révèle dans l'aimant qui attire le fer ou l'action du succin sur les corps légers [147]. Cette âme semblait bien avoir figure de force ; Galien, esprit à tendances dynamistes accentuées, s'exprime de façon plus catégorique. Pour lui, l'action de l'aimant n'est qu'un cas particulier de la grande loi des sympathies et des antipathies et il pense que l'unique raison de cette loi se trouve dans *la force technique de la nature*, puissance vitale, intelligente et divine, en vertu de laquelle chaque corps s'approprie ce qui convient à sa constitution et à ses besoins [148]. Cette force technique impersonnelle et intelligente ne fait-elle point songer au feu artiste des

---

147 Pseudo Plutarque. *Opin. des Philos.* 1, 25 ; IV, 2. Diogène Laerce *Thalès* I, 27. Aristote *De Anima*, 1, 2, 5, 22.
148 *Des natures souffrantes.* VI, p. 215.

stoïciens ? Est-elle autre chose que la force magique ? On peut d'ailleurs citer d'autres partisans de cette théorie [149].

Durant le Moyen Age règnent presque sans conteste les explications par les esprits, les anges ou les génies. On parle encore des anges qui meuvent les planètes et les étoiles. On rencontre cependant, parmi les arabes et les kabbalistes [150] des tenants de l'opinion dynamiste. Mais nous avons hâte d'arriver au fondateur de l'occultisme.

Paracelse parut vers la fin du XV$^e$ siècle (1493-1541). Esprit généralisateur et compréhensif, homme d'un immense savoir emprunté à toutes les écoles et à toutes les sources, voire aux traditions et aux croyances populaires, il conçut le magnétisme comme un dynamisme et imagina l'univers entier sur ce type d'activité. Son esprit intuitif lui avait fait ressaisir et retrouver dans maintes croyances traditionnelles des traces de l'ancienne théorie de la force magique. Pour lui, le magnétisme n'est qu'un aspect particulier de cette force universelle et la réalité de cette force magnétique est un gage assuré de la vérité et de la réalité de la force magique. Mais arrêtons-nous et précisons.

À l'image du magnétisme de l'aimant, Paracelse admet une force universelle toute puissante, au-dessus de laquelle il n'y a rien. Elle réside principalement dans les astres mais, semblable à l'éther des savants modernes ou au Dieu des

---

149 Questions physiques et morales II, 23. Th. Henri-Martin *La foudre, l'électricité et le magnétisme chez les anciens*. P., 1866, In-12, p. 67.
150 D$^r$ Postel. *Étude sur le magnétisme des médecins Spagyristes*. Caen, 1860, p. 42-43.

théologiens, elle emplit tout. Les éléments et les vivants subsistent et vivent en elle. Si elle n'existait pas, la vie s'éteindrait, les éléments se dissocieraient, les astres et le monde s'anéantiraient. Paracelse nomme cette force *Magnale* comme s'il eût voulu rappeler par cette appellation le nom de la pierre *magnete*; parfois il la désigne tout simplement par M. Tenez pour certain, dit-il, que ce M. conserve toutes les créatures tant du ciel que de la terre et que de plus, les éléments vivent en lui et par lui[151]. »

Ce magnale, ce M., surabonde dans le ciel et dans les astres, mais on le retrouve sur la terre où il se manifeste particulièrement dans l'aimant et les autres corps attractifs, surtout dans les êtres vivants et dans l'homme. Tout ce qui existe dans la nature a un esprit vital, une part de magnale. Que ce soient les êtres vivants ou les choses inertes, il n'y a rien qui ne possède une part de M. et ce M., cet esprit vital, a en lui une force attractive, comme celle de l'aimant[152].

À cette cosmologie dynamiste se rattachent une chimie, une anthropologie et une théocidée. Tout être contient un esprit vital qu'on peut en extraire par les diverses opérations de la chimie. L'esprit vital du minéral, de la plante ou de l'animal contient la vie, les propriétés, la médecine de l'être dont on l'a extrait : c'en est la quintessence. Ces quintessences sont par suite éminemment actives puisqu'elles condensent tout le M.

---

151 Paracelse. *Œuvres complètes*. Paris, 1918, 1, 43.
152 L. Durey. *Étude sur l'œuvre de Paracelse*. P., 1910, p. 131.

de l'individu entier[153]. Les minéraux vivent d'une vie ralentie mais ils vivent et les métaux supérieurs sont les fruits d'une lente évolution que l'on peut précipiter par l'usage des arcanes, à savoir la pierre philosophale, le mercure des philosophes et la teinture des alchimistes. Ces arcanes sont des substances corporelles mais indestructibles. Ils rayonnent des quantités énormes de M. grâce auxquels on peut activer la vie et en particulier la vie minérale et provoquer par suite la transmutation des métaux inférieurs jusqu'à cet épanouissement suprême qui est l'or, l'or dont on fera la base de l'élixir de vie.

Dans l'homme et les animaux il faut distinguer deux parties, la partie spirituelle et la partie corporelle. La partie spirituelle est constituée presque exclusivement par le magnale qu'elle tient des astres, il faut se la représenter sous l'aspect d'une force ou d'un fluide impondérable, mais intelligent et chaque animal possède un esprit de cette espèce. Les esprits animaux ne sont qu'une individuation temporaire du magnale. « Ils peuvent s'influencer réciproquement et se parler à distance sans que nos langues s'en mêlent. Les effets de sympathie et d'antipathie involontaires s'expliquent par cette correspondance spirituelle. La volonté d'un individu peut, par l'énergie de son effort, agir sur l'être spirituel d'un autre individu, entrer en lutte avec lui et le soumettre à sa puissance. Cette domination peut aller jusqu'à affecter le corps et à le faire dépérir ». Partant de là, Paracelse explique on ne

---

153   Notons cependant qu'on ne peut extraire l'esprit vital de l'homme car Il meurt avec lui.

peut mieux les effets de la malédiction, ceux des maléfices et de l'envoûtement[154].

L'être spirituel; véritable émanation du magnale des astres, n'est pas le tout de l'homme. Le corps ou l'être naturel le complète et lui sert d'instrument; mais il est, lui aussi, imprégné de magnale, comme au reste tous les éléments matériels de l'univers. Mais ce magnale du corps ou des parties corporelles, Paracelse l'appelle ordinairement du nom de *mumie*. La mumie c'est le magnale qui est propre soit au corps tout entier, soit à chaque partie du corps et principalement au sang et aux os. De l'existence de la mumie il est facile de déduire toute une théorie de la médecine magique. La transplantation ou le transfert de la maladie dans un arbre ou dans un animal s'explique par le transfert de la mumie de la partie malade dans l'arbre ou dans l'animal. L'imposition des mains permet d'infuser de la mumie saine dans un membre blessé et d'expulser ainsi la mumie malsaine. On expliquerait de même l'inescation[155], l'insémination[156], l'irroration[157], etc.

---

154    Cf. *De L'essence spirituelle*. Ch. VII et L. Durey. *Étude sur l'œuvre de Paracelse*. P., 1900, p. 122-123.

155    Méthode de médecine occulte qui consistait à faire passer la maladie d'un homme *dans* un animal dont on tirait la préparation que l'on faisait prendre au malade.

156    La transplantation faite avec la graine de quelque plante appropriée à la nature de la maladie et que l'on sème dans une terre imprégnée d'esprits vitaux du malade.

157    Méthode qui consiste à obtenir la guérison en arrosant soigneusement quelque plante ou quelque arbre de tous les liquides qui sortent du corps du malade.

Parmi la matière médicale de Paracelse, les onguents sympathiques jouèrent un grand rôle. Ces onguents pouvaient agir à distance pourvu qu'imprégnés du sang du blessé, on les appliquait sur l'arme ensanglantée (*onguent des armes*) ou sur le linge qui avait servi à panser la plaie (*onguent des plaies*). Ils étaient composés de sang et de crâne humains, parties douées d'une mumie riche et puissante, de graisse d'ours et de graisse de taureau, autres matières également riches et fortes en mumie, c'est-à-dire en force magique. L'action à distance des onguents magiques s'explique de même que l'action d'une volonté sur l'autre. La mumie agit sur la mumie par l'intermédiaire du magnale universel dont elles ne sont, au fond, que des parties.

Paracelse, esprit synthétique, imagination à tendance dynamiste, Paracelse construisit une cosmologie, une anthropologie et une médecine parfaitement cohérentes et qui ne se contentaient pas d'expliquer les faits admis par la science de son temps ; mais tout l'ensemble de croyances et de traditions qui constituaient la pratique des rebouteux et des guérisseurs, des sorciers et des astrologues, des hermétistes et des magiciens du Moyen Âge. Les talismans (voyez ses Archidoxes magiques) ne sont rien autre chose que des condensateurs du magnale des astres dont ils mettent l'activité à notre disposition. L'astrologie et l'action des astres sur la terre, la mer, les plantes, les animaux, l'homme, s'expliquent de reste. L'homme ou microcosme est une réduction du monde céleste et ressent le contrecoup de tout ce qui se passe dans le macrocosme auquel il est d'ailleurs lié par le magnale, des liens les plus étroits et les plus solides.

Admettez un instant que toutes les croyances populaires reposent sur un fond de réalité et essayez de concevoir une systématisation plus souple et plus enveloppante.

La synthèse dynamique de Paracelse embrassait certes bien des éléments sans valeur; mais il avait su former de tous ces matériaux disparates un édifice imposant et grandiose, immense palais gothique où la beauté, l'harmonie, la convergence des lignes se dissimulent sous une foule grouillante de macarons fantastiques, de sculptures bizarres et de gargouilles étranges.

Le palais de l'univers semble flotter sans appui dans la mer infinie du magnale comme jadis le monde des anciens flottait sur les eaux. Le magnale lui-même ou monde intermédiaire est enveloppé par l'océan du monde divin ou grand arcane, source créatrice dont le magnale est toute l'activité et la Providence. Paracelse nous rappelle étroitement les premiers penseurs de la Grèce; mais il donne déjà la main à Spinoza[158].

---

158    Cette esquisse ne prétend pas à donner une idée complète de la philosophie de Paracelse, il s'agit surtout ici de montrer le rôle de la force magique dans l'ensemble du système. La Théodicée de Paracelse s'efforce de synthétiser le déisme et le panthéisme dans une sorte de trinitarisme antinomique. Les éléments matériels de la nature correspondent au corps de Dieu. Le magnale constitue son âme, l'esprit divin personnel et libre demeure en dehors de l'univers. Dieu est ainsi Infini et limité, spirituel et matériel, Immobile et soumis au devenir.

L'occultisme avait trouvé son Aristote et depuis lors, tous ceux qui en Europe ont prétendu au titre de maître en magie ou èssciences occultes se sont peu ou prou inspirés de cet esprit génial et fumeux auquel il n'a manqué que le sens et le goût de la méthode et du contrôle expérimental.

Après lui, Robert Fludd, Athanase Kircher, Wirdig, Mesmer ont jalonné la voie et véhiculé la tradition magique d'où sont sorties les écoles de nos magnétiseurs et de nos occultistes contemporains Du Potet et Cahagnet, Éliphas Lévi et Stanislas de Guaita.

Docteur en médecine de l'Université d'Oxford, puis agrégé au collège de médecine de Londres, Robert Fludd (1574-1637), fut l'un des esprits les plus remarquables de son temps, il fut l'égal de Mersenne et de Gassendi. Disciple de Paracelse, grand amateur des Pères de l'Église et des cabalistes, grand admirateur des magiciens et des astrologues, Robert Fludd, à l'origine des choses, n'admet qu'un principe ou élément primitif d'où dérivent tous les autres qui n'en sont que des modifications ou des métamorphoses le *Spiritus*. Il considère l'âme comme une partie de ce principe qu'il nomme *universel* ou *catholique*. Il croit trouver la raison des attractions des corps et des antipathies dans la manière dont les rayons du Spiritus sont dirigés. Leur émission, dans l'attraction ou la sympathie, se fait du centre à la circonférence ; dans la répulsion et l'antipathie, elle se fait au contraire de la circonférence au centre. Le premier phénomène est produit par des émissions de nature chaude, celles du second sont de nature froide.

Selon lui, il y a une étoile ou un astre particulier pour chaque corps sublunaire ; ainsi celui de l'aimant est l'étoile polaire. Il y en a aussi pour l'homme. L'homme considéré comme le microcosme ou petit monde, est doué d'une vertu magnétique que l'auteur nomme *Magnetica virtus microcosmica*. Cette vertu du petit monde est soumise aux mêmes lois que celle du grand. Dans les mouvements de plaisir, le cœur se dilate et envoie les esprits au dehors dans ceux de haine ou d'antipathie, il les refuse, se resserre et se contracte.

L'homme a ses *pôles* comme la terre. Pour que son Magnétisme se manifeste, il faut que le corps soit dans une position convenable. Après avoir examiné sur ce point l'opinion des anciens, surtout celle de Platon, de Pythagore, d'Aristote, et d'Empédocle, il conclut qu'il doit avoir la face tournée à l'orient, le dos à l'occident, et les bras tendus l'un vers le midi, l'autre vers le nord. Alors ses deux pôles fondamentaux qui sont le pôle austral et le pôle septentrional sont Libres, et reçoivent et envoient leurs influences. Ces pôles ressemblent, selon lui, à ceux de la terre, pour laquelle il admet deux courants, ou un double torrent, l'un septentrional, l'autre méridional. L'un emmène les rayons froids, l'autre les rayons chauds et ils se tempèrent l'un par l'autre.

Robert Fludd admet que le Magnétisme agit non seulement entre les animaux, mais entre ceux-ci et les végétaux, entre les végétaux et les minéraux, et même entre les seuls minéraux. Puisque dit-il, la terre et l'aimant, qui paraissent des substances mortes, inanimées, ont leurs pôles, leurs émanations, à plus forte raison l'homme ou le petit monde, qui est animé, doit avoir les siens.

Lorsqu'il s'agit d'en donner la preuve ou d'en faire l'application, il cite un grand nombre d'observations qui tendent toutes à prouver les effets sympathiques ou antipathiques et la transplantation des maladies [159]. »

Au total, le spiritus ou le magnétisme de Robert Fludd n'est rien autre chose que le magnale de Paracelse, qui lui aussi admettait une bipolarisation de tous les êtres.

Le père Kircher (1602-1680) rejeta un grand nombre des faits sur lesquels s'appuyaient les théories de Robert Fludd, mais en revanche, il donna beaucoup plus d'extension que les autres à tous les exemples de sympathie ou d'antipathie connus, vrais ou faux, à tous les divers genres d'affinité qu'on observe dans la nature, et qui lui parurent autant d'espèces de magnétismes. Il en fait une assez longue énumération. Il en distingue plusieurs genres. On y trouve le magnétisme des planètes, celui des éléments, celui des corps mixtes, celui des corps électriques, celui des corps métalliques, celui du soleil, de la lune et de la mer, celui des plantes, celui des animaux ou *magnétisme animal* qu'il nomme *zoo-magnetismus* et dont il marque encore plusieurs sortes, tels que celui de la torpille et de quelques poissons; celui des médicaments, celui de l'imagination, celui de la musique et celui de l'amour. Kircher abondait tellement en son sens et dans son système que toute la nature lui parut magnétique, c'est-à-dire, un tout dont les

---

[159]   Dr J.-J. Paulet. *L'anti-magnétisme.* Londres, 178, in-12, p. 25-29.

parties étaient liées et enchaînées par une puissance attractive ou répulsive semblable à celle de l'aimant[160].

Wirdig (1613-1687), professeur de médecine à Rostock se persuade à son tour qu'il y a dans la nature et dans les corps plus de vie, plus de mouvement, plus de magnétisme, plus d'intelligence qu'on en avait admis. Doué de quelque génie il anime tout, il ne voit que des vivants dans la nature ; il généralise le système de Kepler qui considère la terre comme un grand animal qui a son âme, sa vie et ses mouvements. Sa *Nova Medicina Spirituum*, publiée en 1673, avait été adressée par lui à la Société Royale de Londres en 1672.

Les rapports de sympathie et d'antipathie entre les esprits, soit aérocélestes, soit terrestres, constituent ce que Wirdig appelle *magnétisme*. Il le définit en deux mots : le *consentement des esprits*. Ce sentiment entre deux corps animés lorsqu'il est amical de part et d'autre, s'appelle sympathie, amour, désir amoureux, attrait des semblables. Il prend les noms d'antipathie, de haine, d'horreur des dissemblables, lorsqu'il est désagréable, d'Où résulte la distinction du Magnétisme, en *sympathéisme et antipathéisme*.

Selon Wirdig, l'influence s lieu non seulement entre les corps célestes et les terrestres, mais cette influence est réciproque. Le monde entier, dit-il, est soumis à la puissance du magnétisme (car tout est rapprochement de semblables ou éloignement de dissemblables). C'est par le magnétisme que

---

160   A. Kircher. Magnes, sine de Arte Magnetica. Coloniae 1643.

s'opèrent toutes les vicissitudes des corps sublunaires. La vie se conserve par le magnétisme, tout périt par le magnétisme.

Selon Wirdig, il y a de la sympathie entre le sang d'un homme et les esprits de ce même sang, car l'esprit de celui qu'on conserve dans un verre fait voir la santé et la maladie de l'individu qui l'a fourni, quoiqu'il soit très éloigné. Si ce sujet est malade, son sang se trouble ; le contraire arrive s'il se porte bien. L'urine humaine, soumise au tourment de la distillation, fait voir encore évidemment la sympathie qu'il y a entre l'esprit de cette urine et ceux du corps qui l'a fournie, car, pendant qu'on la distille, le corps souffre et prend une disposition aux maladies.

Notre auteur traite encore de l'astrologie, de la sympathie qu'il y a entre les baguettes divinatoires faites de différents bois, et les métaux. Celles du coudrier par exemple, a de la sympathie pour l'argent, celle du frêne pour le fer, celle du sapin pour le plomb, et toujours à raison de l'homogénéité de leurs parties. Les affinités chimiques dépendent encore de la même cause. Les sortilèges, l'enchantement, les prestiges, les tours de magie n'ont lieu que par le pouvoir des esprits[161]. »

Wirdig flottait entre une sorte de polyanimisme et de dynamisme. Les esprits dont il parle, à l'imitation des esprits vitaux de Paracelse, ressemblent singulièrement à ce que nous appelons des forces.

Wirdig, 1613-1687, nous mène à la fin du XVII$^e$ siècle. Mesmer (1733-1815) emplit toute la fin du XVIII$^e$. Tout le

---

161   Dr J.-J. Paulet. *L'anti-magnétisme*. Londres, 1784, p. 42-3.

monde connaît sa vie mouvementée, ses instances auprès des académies et des souverains, ses allures de charlatan et ses succès de guérisseur. Cet homme avait une philosophie et pour la connaître nous n'avons qu'à résumer les XXVII propositions qu'il voulait faire adopter par les corps savants[162]. Le fluide magnétique baigne toutes choses ; universellement répandu, il ne laisse subsister aucun vide. D'une subtilité incomparable, il est susceptible de recevoir, propager et communiquer tous les modes de mouvement. Un double courant universel en procède, flux et reflux, les astres s'attirent et se repoussent, de là la gravitation des mondes, les mouvements de l'océan, etc. Cet agent qu'il nomme magnétisme animal se manifeste particulièrement dans le corps humain, par des propriétés analogues à celles de l'aimant et s'y répartit selon les lois d'une double polarité. Le magnétisme peut se communiquer aux objets, vivants ou animés, selon leurs réceptivités particulières.

L'action fluidique peut s'exercer à de grandes distances sans intermédiaire apparent. Cette force peut être accumulée, concentrée, transportée. Comme la lumière elle est réfléchie et multipliée par les glaces. Le son la propage et l'accroît. Chez les êtres vivants, la santé résulte de l'équilibre fluidique, la maladie du déséquilibre du magnétisme. Par l'action de la volonté du magnétiseur, l'emploi des passes la mise en rapport avec des accumulateurs magnétiques : baquet, bouteille,

---

[162] Mesmer. Précis historique des faits relatifs au magnétisme animal. Londres, 1781, In-8, p. 83-85.

le médecin peut rétablir l'équilibre fluidique, guérir immédiatement les maladies de nerfs et médiatement les autres.

Mesmer ne fait donc lui aussi que renouveler la théorie de Paracelse, de Robert Fludd et de Wirdig.

## II — *Quelques maîtres du XIXe siècle*

La tradition mesmérienne à son tour a été continuée par toute une école de magnétiseurs, dont le baron Du Potet a été l'un des maures les plus fameux.

Pour l'auteur de *La magie dévoilée*, le magnétisme se confond avec le fluide nerveux, c'est par lui qu'il faut expliquer tous les prodiges réputés magiques. Cet agent a ceci de très particulier qu'il obéit à notre volonté. « C'est, dit-il, ce que ne présentent point les forces mortes. L'électricité, dans toutes ses variétés, est toujours l'électricité, l'aimant de même : mais la pensée qui se fixe où on l'a déposée ; mais ces jets de flamme invisibles qui plus subtils que des aromes, vont où l'intention les dirige sans que rien les arrête, qui pourrait donc assimiler cet élément magique aux autres agents découverts dans la nature par les yeux de l'homme ?... Apprenez à distinguer cette force créatrice qui échappe tout d'abord à vos sens : elle est pensée avant de se traduire en acte. C'est ainsi que vous approcherez un jour de la vérité et comprendrez les paroles des anciens sages [163]. »

---

[163] Du Potet. *La Magie dévoilée*. 3e éd. P. 1893, in-8, p. 64-65.

Les magnétiseurs furent surtout préoccupés de pratique et de médecine. À côté d'eux, esprits plus spéculatifs, les Éliphas Lévi et les Stanislas de Guaita se chargèrent de réapprendre à nos contemporains la philosophie dynamique des Fludd et des Paracelse.

Éliphas Lévi (1810-1875) de son vrai nom l'abbé Constant[164] avait bien le tempérament le plus romanesque et le plus romantique qu'on puisse imaginer. Il adorait la grandiloquence et eut inventé le bluff si Paracelse n'eût vécu avant lui. Écrivain imagé redondant et diffus il affectionne le style des prophéties et des apocalypses. Dans sa vie, il se montre rabelaisien et facétieux, fortement incliné à mystifier son prochain. Ne fit-il pas courir le bruit de sa mort et d'une mort très catholique quelque vingt ans avant son décès ? Ses livres ne sont qu'un démarquage romantique d'Agrippa et de Paracelse. On peut les réduire à deux axiomes. Il existe une force magique, universelle. Une volonté entraînée peut en devenir maîtresse. Écoutez-le :

« Il existe un agent mixte, un agent naturel et divin, corporel et spirituel, un médiateur plastique universel, un réceptacle commun des mouvements et des formes, un fluide et une force que l'on pourrait appeler en quelque manière *l'imagination de la nature*. Par cette force, tous les appareils nerveux communiquent secrètement ensemble ; de là naissent la sympathie et l'antipathie ; de là viennent les rêves par

---

164  Éliphas Lévi est un disciple de Wronski, qui tira d'abord son hypothèse de l'unité des forces dans l'univers, de l'étude directe des sciences physiques, et fut conduit par la chimie aux alchimistes et à l'hermétisme.

là se produisent les phénomènes de seconde vue et de vision extranaturelle. Cet agent universel des œuvres de la nature, c'est l'*od* des Hébreux et du baron de Reichenbach, c'est la *lumière astrale* des Martinistes et nous préférons, comme plus explicite, cette dernière appellation. »

« L'existence et l'usage possible de cette force sont le grand arcane de la magie pratique. C'est la baguette du thaumaturge et la clavicule de la Magie noire... La lumière astrale aimante, échauffe, éclaire, magnétise, attire, repousse, vivifie, détruit, coagule, sépare, brise, rassemble toutes les choses sous l'impulsion de volontés puissantes. Dieu l'a créé au premier jour lorsqu'il a dit « Fiat Lux ! » C'est une force aveuglée (*sic*) en elle-même mais qui est dirigée par les égrégores, c'est-à-dire par les esprits d'énergie et d'action, les chefs des âmes. Ceci explique toute la théorie des prodiges et des miracles ». Et encore : « Cet agent est une lumière de vie dont les êtres animés sont aimantés et dont l'électricité n'est qu'un accident et qu'une perturbation passagère. À la connaissance et à l'usage de cet agent se rapporte tout ce qui tient à la kabbale merveilleuse[165]. »

Ainsi écrivait Éliphas Lévi, selon la vraie tradition occultiste ; mais cet homme de talent gâtait d'ailleurs ses qualités par une altitude proprement charlatanesque. Celui dit-il, qui connaît la magie voit Dieu face à face et sans mourir, converse familièrement avec les sept génies qui commandent à toute la

---

165    E. Lévi. *Histoire de la Magie* Nouv. édit. P., (9, p. 18-19 et p. 26. Voir aussi. *Dogme et Rituel*. 5ᵉ éd. 1910. 1. 162.

milice céleste... Il a le secret de la résurrection des morts et de l'immortalité; il possède la pierre philosophale et la médecine universelle; il connaît les lois du mouvement perpétuel et peut démontrer la quadrature du cercle; il change en or non seulement tous les métaux mais aussi la terre elle-même et les immondices même de la terre; il dompte les animaux les plus féroces et sait dire les mots qui engourdissent et charment les serpents; il connaît à première vue le fond de l'âme des hommes et les mystères du cœur des femmes; il force quand il lui plait la nature à se révéler; il a la raison du passé, du présent et de l'avenir; il prévoit tous ceux des événements futurs qui ne dépendent pas d'un libre arbitre supérieur ou d'une cause insaisissable; il gouverne les éléments, apaise les tempêtes, guérit les malades en les touchant et ressuscite les morts[166]. »

Le boniment est complet. Il obligeait d'ailleurs Éliphas Lévi à se déclarer maître de tous ces pouvoirs merveilleux, mas il ne se laissait point mettre au pied du mur. Il nous dit que donner des preuves de la science à ceux qui doutent de la science même, c'est initier des indignes, profaner l'or du sanctuaire, mériter l'excommunication des sages et la mort réservée aux indiscrets révélateurs.

---

166   Dogme et Rituel 5ᵉ éd. 1910, 1, 84-87. Au reste toutes ces merveilles doivent s'opérer par la force magique ou lumière astrale, *Ibid.* I 88-89. Cet agent, dit-il, qui se révèle à peine sous les tâtonnements des disciples de Mesmer est précisément ce que les adeptes du moyen âge appelaient la matière première du grand œuvre.

Son disciple le plus remarquable, Stanislas de Guaita, était un autre homme[167]. Il estimait que le maître avait fait des promesses exagérées. Poète parnassien, il avait été attiré à l'occultisme par ses outrances et son pittoresque, mais il avait un goût véritable pour la science positive. Théophile Gautier avait aimé, lui aussi, tous les lieux défendus, les antres de la superstition ne fournissent-ils pas des tableaux d'une couleur rare et impressionnante ? La théurgie et l'extase, le hachisch et l'opium ne procurent-ils pas des visions incomparables dépassant nos mornes imaginations occidentales ? Mais Guaita s'aventura plus loin que le maître dans la caverne obscure et but plus avidement à ces philtres empoisonnés.

Pour lui, d'ailleurs comme pour Paracelse et Éliphas Lévi, la vertu essentielle était la réalité et la maniabilité de la force magique. « Ce mystérieux agent, dit-il, compte ses noms par centaines. C'est au dire des kabbalistes le *serpent fluidique d'Asiah*. Les vieux platoniciens y voyaient l'âme physique du monde qui tient encloses les semences de tous les êtres et les gnostiques Valentiniens personnifiaient en Démiurge « l'ouvrier inconscient du monde d'en bas ». Au gré des hermétistes c'est suivant le point de vue, la *Quintessence des éléments*, l'*Azoth des Sages* ou encore le *Feu secret vivant et philosophal*. C'est le médiateur convertible indifférent au Bien

---

167   La grâce lui vint dit Barrés, quand une lecture du Vice Suprême l'amena, je me souviens, à lire Éliphas Lévi et à visiter M. Saint-Yves d'Alveydre. Dès lors il n'écrivit plus un seul vers : il devint l'historien des sciences occultes. M. Barrès, *Stanislas de Guaita*, 1861-1898. P., 1898, in-8°, p. 17.

comme au Mal et qu'une volonté ferme peut plier à l'un comme à l'autre. (Ce sera Dieu lorsqu'on le mettra en œuvre pour le Bien, et le Diable lorsqu'on le mettra en œuvre pour le Mal).

« Puissance inconsciente par elle-même ; mais propre à réfléchir toutes les pensées. Puissance impersonnelle, mais susceptible de revêtir toutes les personnalités. Puissance envahissante et dominatrice, que l'adepte peut néanmoins pénétrer, contraindre et subjuguer et ce dans une mesure plus stupéfiante encore que ne l'imaginait le populaire superstitieux au beau temps des de Lancre et des Mienaælis ; c'est en un mot la *Lumière astrale* ou *Médiateur plastique universelle*[168]. »

Au reste, c'est cette force qui, projetée par la pensée et la volonté, crée les êtres larvaires, lémures et fantômes que les occultistes appellent élémentaux, que l'on appelait dans l'antiquité nymphes, fauves et sylvains, au moyen âge, farfadets et gobelins[169].

---

168   *Clef de la Magie Noire*, p. 101.102, et voir aussi 114-115. Cf. E. Lévi, *Dogme et Rituel*, 5ᵉ éd. 1. 83.

169   *Clef de la Magie Noire*, 190-192 : 198-201. — Voir aussi E. Lévi. Hist. de la Magie, p. 114. — En général les occultistes malgré leur foi en une force universelle abusent des agents invisibles et parlent trop volontiers de la réalité des évocations, du danger qu'il y a à appeler les esprits de l'air ou du feu, de la terre ou de l'eau.

Certes ils prennent des réserves et laissent entendre, à qui veut comprendre, que ce sont là créations personnelles de l'évocateur ou plus crûment des hallucinations. Mais on le dit sans le dire et l'on incline les esprits faibles à des pratiques où ne peuvent manquer de sombrer sinon la raison tout au moins ces fleurs de l'esprit sain : le jugement et le bon sens.

## III — La force magique chez les occultistes comparée à la force magique des primitifs

Les occultistes de toutes les écoles, de Paracelse le grand maître du XVIᵉ à Éliphas Lévi le grand maître du XIXᵉ, professent donc bien l'existence d'une force universelle conçue sur le type du magnétisme de l'aimant et dont le magnétisme animal est une manifestation éclatante et démonstrative. Peut-on vraiment comparer cette force universelle *Magnale* ou *Lumière astrale* à la force magique des primitifs, mana ou orenda ? Incontestablement.

Cette force pour les uns comme pour les autres sert à expliquer tous les faits merveilleux des pratiques populaires, guérisons par attouchements ou par sympathie, envoûtements de haine ou d'amour, sortilèges et maléfices, visions de l'extase et des miroirs magiques, etc., etc. Pour le primitif le surnaturel n'existe pas. Il explique tout. Pour Paracelse la plupart des effets réputés surnaturels s'expliqueront un jour par des causes toutes physiques. Stanislas de Guaita et Éliphas Lévi ne croient pas au miracle. Il n'y a pas, disent-ils, de surnaturel[170]. Les primitifs admettent des esprits, manifestations temporaires de la force magique, mana ou orenda et le grand manitou des Algonquins n'est que la force magique impersonnelle. Ce sont des panthéistes sans le savoir. Les occultistes déclarent volontiers admirer, sinon accepter, la croyance chrétienne mais le Dieu qu'ils admettent ressemble au Dieu

---

170 *Clef de la Magie Noire*, p. 494.

d'Hégel ou de Spinoza et n'a guère plus de personnalité que le mana. Au fond, le Dieu de Paracelse ne se distingue pas de son magnale. La distinction qu'il en donnait n'était qu'à l'usage des profanes. Ses disciples, car il avait des disciples qu'il enseignait en secret, savaient certainement à quoi s'en tenir. Les initiés des sociétés australiennes savaient eux aussi que le héros dont on menaçait les enfants et les femmes se résolvait en force impersonnelle.

L'enseignement de la magie et l'explication des prodiges par la force magique est réservé chez les primitifs à des sociétés secrètes dont beaucoup nous sont aujourd'hui connues. Les occultistes eurent toujours, eux aussi, un goût pour l'enseignement secret et le mystère. Les frères de la Rose-Croix, les Martinistes admettaient les grandes lignes de la thèse occultiste. Mesmer, Dupotet n'enseignaient que sous le sceau du secret et faisait payer un prix élevé l'enseignement des arcanes du magnétisme animal. Stanislas de Guaita dirigea une véritable société secrète qui prétendait restaurer et prolonger l'ancienne Rose-Croix.

La force magique des primitifs est impersonnelle mais douée d'une sorte d'intelligence et de plus elle est susceptible de recevoir l'empreinte des intentions et des volontés du magicien. Que disent les occultistes ? Le magnétisme animal ou la lumière astrale diffèrent profondément des autres forces purement physiques, c'est une force intelligente. Ainsi parle Éliphas Lévi. Le fluide magique est une force intelligente, d'une intelligence obscure et comme aveugle, mais il est susceptible de subir l'action des volontés intelligentes, des esprits vigoureux des âmes énergiques; du roi ou du sorcier affirme le primitif; de l'égrégore ou du mage atteste Éliphas Lévi.

La magie est donc une science secrète et un art occulte qui permettent de manipuler l'essentielle force magique et d'en user aux fins les plus prodigieuses; mais c'est de plus une discipline. C'est une science mais d'intuition et de synthèse, et qui prétend déduire les phénomènes de ses hypothèses générales. L'essentiel est de se développer par l'initiation de façon à devenir un bon intuitif afin d'acquérir la vue qui pénètre au cœur des choses, au principe de leur activité par delà les apparences sensibles. Mais qui parle ainsi? Est-ce un mage Est-ce un sorcier indien? L'un et l'autre.

Il est inutile de prolonger ce parallèle, on ne saurait douter que l'hypothèse occultiste du magnale, quel que soit d'ailleurs le nom qu'on lui donne, est identique en son fond à l'hypothèse du mana. Il y a plus. Je ne doute pas que Paracelse ne doive en partie ses idées aux magiciens de son temps qui eux continuaient les traditions des juifs kabbalistes ou des guérisseurs arabes et prolongeaient ainsi la tradition magique des peuples primitifs d'où émergèrent les Hébreux et les Grecs, les Sémites et les Aryens. Qu'il y ait eu des réinventions de la même hypothèse fondamentale c'est possible; mais les efforts anonymes de nombre de penseurs de l'antiquité et du moyen âge sont demeurés tout aussi inconnus que les efforts créateurs des premiers penseurs sauvages. Le dynamisme est une des formes essentielles de la pensée humaine, on le retrouve à toutes les époques et chez les intelligences les plus diverses. L'occultisme représente une vague dans ce courant. Il a été utile, bien qu'il ait trop souvent versé dans le verbalisme et le charlatanisme, mais la scolastique aussi fut un verbalisme. Bacon, Descartes et Newton ne sont pas sans avoir appris de Paracelse et de Robert Fludd. Képler ne compare-t-il pas la pesanteur à une action magnétique. Les magnétiseurs ont préparé l'hypnotisme et la psychothérapie. Les occultistes contemporains ont ouvert la voie aux psychistes. Un Richet, un de Rochas, un Maxwell, un Boirac ne prétendent plus déduire à priori les faits des théories, ils ne les acceptent plus sans un contrôle expérimental maintes et maintes fois réitéré. Ils ont pu se tromper, ils ouvrent une voie vraiment scientifique où l'intuition et l'analogie gardent sans doute des droits, mais où l'expérience jugera en dernier ressort.

L'occultisme d'un Éliphas Lévi ou d'un Guaita nous semble un anachronisme, une simple survivance qui ne peut plus séduire que des gens d'une culture incomplète et d'une intelligence trop amoureuse de symboles mystérieux et de sonorités verbales. L'occultisme disparaîtra. On peut déjà dire qu'il se meurt. La science est à la veille de reprendre tout ce qu'il y a de viable dans ses vues anciennes, et demain nous verrons des savants officiels désocculter l'occulte. Ceux-ci devront néanmoins utiliser les mêmes formes de l'imagination, poursuivre la démonstration de la réalité d'une force ou d'une énergie universelle. Que dis-je ne le font-ils pas déjà ? Que signifie la théorie de l'équivalence des forces ? Qu'est-ce que l'éther et ses formes diverses ? Les occultistes hier, en reprenant et développant l'hypothèse du mana ; les académies, en reprenant, en corrigeant et en complétant demain l'hypothèse du magnale ont attesté ou attesteront que le dynamisme est une des formes nécessaires de nos représentations sensibles.

# CHAPITRE VI

## L'HYPOTHÈSE DYNAMIQUE DANS LA SCIENCE MODERNE [171]

*I — Classification des Sciences de la nature*

Les sciences de la nature doivent se diviser en trois grandes classes suivant le type de représentation qui les inspire ou les justifie : mouvement, forme et forme en mouvement.

---

[171] Les vues exposées dans ce chapitre sont le fruit d'un important travail de philosophie scientifique entrepris en 1894 et poursuivi durant plusieurs années. Voici les points qui m'avaient particulièrement arrêté. La constitution de la science et des sciences, leurs éléments fondamentaux : objet propre, point de vue, unités de mesure. La classification des sciences. La distinction essentielle de la physique et de la chimie. Le sens et la valeur des lois et des classifications. Des hypothèses et de leur valeur symbolique. Le rôle de la mathématique dans les classifications et en particulier dans la classification des éléments. Du point de vue dynamique en physique générale et de la nécessité de son extension à l'étude de l'affinité, de la vie et de la force psychique. Et sans doute mes notes seraient-elles encore longtemps demeurées inutilisées si l'étude de la magie des primitifs ne m'eût ramené à mon insu et comme malgré moi cette esquisse de philosophie dynamique.

La première classe des sciences constitue la Physique générale dont l'objet est l'étude des mouvements ou des vibrations spécifiques. L'objet des sciences de cette classe n'est pas individualisé, il est à la fois indéfini et impondérable. L'Astronomie physique, la Thermique, l'Optique, l'Électrologie, la Magnétologie sont respectivement les sciences de la gravitation, de la chaleur, de la lumière, de l'électricité, du magnétisme considérés comme des forces spécifiques ou des propriétés différentiées mais communes à la matière en général bien qu'elles ne se manifestent pas toujours et partout d'une façon apparente. On différentie et définit les divers mouvements ou les diverses forces étudiés dans ces différentes sciences par le sens et la mesure de leurs ondulations. La Physique générale qui les réunit toutes, et qui, nous le verrons, doit en réunir d'autres encore, est essentiellement une cinématique ou science du mouvement, les lois qu'elle exprime sont des lois cinématiques et ne peuvent s'exprimer que par des relations algébriques. Le progrès s'y fait d'une part par l'expérimentation et d'autre part par la cinématique algébrique qui est la forme efficace de la déduction en physique générale.

La deuxième classe de sciences constitue l'Histoire Naturelle ou science des formes. L'objet des sciences qui la composent est l'espèce, l'être défini et dans une mesure individualisé. La chimie et la minéralogie étudient les espèces minérales ou organiques spontanées ou artificielles. La chimie ainsi comprise est éminemment une science naturelle. Cette opinion qui fut celle de l'illustre Chevreul sera bientôt universellement reçue. La microbiologie, la botanique, la zoologie, l'anthropologie étudient respectivement les espèces microbiennes, végétales, animales et humaine. L'Histoire Naturelle est essentiellement descriptive. Elle ne vise pas à établir des lois, mais des classifications. Cette science est de type statique et son type de représentation essentiellement spatial. La définition d'une espèce se traduit par une description ou une énumération de ses caractères coexistants. Non seulement les formes spécifiques s'expriment en images visuelles, mais un groupe de caractères simultanés ou coexistants reçoit tout naturellement une traduction spatiale. La mathématique qui fournit à ces sciences leur instrument est la géométrie.

La troisième classe de science constitue l'histoire Génétique, ou science des formes en voie d'évolution ou de transformation. Cette science du devenir doit avoir pour objet l'étude de l'origine des formes et de leurs aspects successifs. Il est bien clair que toutes les sciences naturelles doivent se compléter par une élude génétique correspondante. Je ne puis m'étendre ici sur cette troisième classe de sciences pourtant si importante. Disons cependant que la mathématique qui doit lui fournir un type idéal et son instrument de progrès est la géométrie analytique.

La botanique, pour prendre un exemple, doit se diviser idéalement en trois sciences ayant toutes un même objet concret : la plante, mais étudiée de trois points de vue différents :

1° Point de vue dynamique. La biologie botanique, considère la vie comme une force différentiée ou une vibration spécifique et étudie les lois de son activité dans le monde végétal. On y arrivera en mettant la plante dans des circonstances bien déterminées en présence d'autres énergies vitales. Cette biologie botanique qui englobe nécessairement ce que l'on appelle la physiologie fait partie de la Physique générale ; c'est une science dynamique.

2° Point de vue statistique. La science des formes ou espèces végétales que l'on appelle encore botanique morphologique ou descriptive s'efforce de définir et différentier les végétaux et d'en donner des classifications qui tiennent compte de tous leur caractères aussi bien secondaires que dominateurs aussi bien internes qu'apparents. C'est une science iconographique et toute imagée. Un bon livre de botanique est nécessairement un livre illustré.

3° Point de vue génétique. La botanique génétique s'efforce d'expliquer la genèse de l'individu dans chaque espèce, la genèse de l'espèce et de ses formes caractéristiques. Elle y arrivera progressivement non seulement par l'étude de la paléobotanique mais par la recherche de l'action des différentes forces ou des différents milieux sur les formes de l'espèce et de l'individu. L'étude de la mutation n'est qu'un aspect de la génétique végétale.

Ce n'est pas ici le lieu d'exposer un système complet de classification des sciences, mais ces notions succinctes sont indispensables à la compréhension de ce qu'il nous reste à dire au sujet de l'énergétique moderne ou Physique générale.

## II — *Le point de vue dynamique en Physique générale*

Les physiciens ont une tendance à admettre que la gravitation, la chaleur, la lumière, l'électricité, le magnétisme, toutes activités étudiées par la Physique générale ne sont que des manifestations diverses de l'énergie, ou encore des formes différentes d'une même énergie fondamentale. Cette hypothèse, car cette vaste théorie reste hypothétique, s'inspire consciemment ou non des hardies généralisations des physiciens du XVI$^e$ siècle, des Paracelse et des Robert Fludd et l'on peut dire que par eux elle est tributaire de la théorie du mana.

Ce point me semble assuré ; niais il en est un autre qui présente un beaucoup plus vif intérêt. Cette hypothèse peut-elle servir utilement, efficacement aux savants et hâter les progrès de la science ? C'est la réponse à cette question qui fera précisément l'objet de ce dernier chapitre.

Le point de vue dynamique est le point de vue commun à toutes les branches de la physique générale. La Physique astronomique étudie la gravitation et la pesanteur, la Thermique étudie la chaleur, l'Optique étudie la lumière, l'Électromagnétisme étudie le magnétisme et l'électricité. Toutes et chacune de ces sciences ont commencé par admettre ou par isoler une force impondérable à l'étude de laquelle elles se sont exclusivement et studieusement appliquées. Grâce à un labeur obstiné, grâce aussi aux mathématiques, elles ont établi tout un ensemble de lois admirables, mais elles ne sont arrivées à ce résultat qu'après l'adoption du point de vue dynamique ou énergétique.

Logiquement ce même point de vue devra donc être appliqué à la chimie, à la biologie et à la psychologie de façon à constituer une Chimie physique, une Biologie physique, une Physique psychique. Les savants le sentent bien et l'on peut même dire que l'œuvre est déjà commencée mais sans plan préalable et à tâtons.

## III — *La Physique chimique et l'Affinité*

L'*Affinité*. Une science n'existe qu'autant qu'elle a un objet propre et l'objet propre de la Physique chimique sera l'affinité comme celui de la Physique biologique sera la Vitalité et celui de la Physique psychique sera la force ou la vibration psychique. Mais qu'on m'entende bien, il faut admettre au moins par provision et par hypothèse qu'il s'agit là de forces ou de vibrations particulières ou tout au moins de modes spéciaux du mouvement. C'est, remarquez-le, l'attitude adoptée pour les autres branches de la Physique générale et c'est grâce à cette attitude qu'elles ont pris un tel développement.

La physique chimique deviendra l'étude de l'affinité ou énergie chimique de même que l'optique est l'étude de la lumière ou énergie lumineuse. L'affinité peut se définir une force impondérable ou propriété générale de l'éther qui détermine ses produits de condensation : électrons, atomes, molécules à s'agréger ou s'associer de façon à constituer des éléments spécifiques, corps simples ou composés, doués de propriétés constantes et principalement de capacités de combinaisons en proportions définies. Plus simplement l'affinité est une forme de l'énergie qui produit les phénomènes chimiques.

Mais dira-t-on quelles sont les preuves de l'existence de cette force ?

1° Les combinaisons sont des manifestations phénoménales qui ne semblent pas pouvoir s'expliquer par les seules forces qu'étudient les autres branches de la physique générale, les phénomènes chimiques se présentent sous un aspect de similitude qui laisse supposer qu'ils sont les résultats de l'activité d'un même agent ou qu'ils relèvent d'un même type de mouvement. Il y a autant de parité entre deux combinaisons qu'entre deux phénomènes lumineux ou deux phénomènes électriques. Les phénomènes d'isomérie : oxygène et ozone, phosphore blanc et phosphore rouge, acide butyrique et éther acétique, etc., etc. semblent relever également de cette activité. De même l'agrégation des électrons pour former les atomes [172].

2° L'existence d'un tel agent ne semble-t-elle pas d'ailleurs dûment démontrée par l'activité du radium et celle des rayons ultra-violets ? La radioactivité parait être une propriété générale de la matière et l'on a pu dire que le difficile n'était pas de rencontrer des corps radioactifs mais des corps qui ne le soient pas à quelque degré. Et d'autre part la radioactivité peut être provoquée ou induite à peu près dans tous les corps soit sous l'influence du radium et des corps radifères,

---

172   On considérait jadis l'atome comme indivisible, on admet aujourd'hui qu'il est une synthèse ou un groupement de corpuscules appelés électrons.

soit sous l'action des rayons ultraviolets. La radioactivité est souvent considérée comme le résultat d'une dissociation de l'atome ; mais si l'on considère les atomes et les molécules ou mieux l'agrégation des électrons en atomes ou la combinaison des atomes en molécules comme des équilibres, il est facile de comprendre que cette même radioactivité peut tout aussi bien être considérée comme la force qui préside aux associations d'électrons ou d'atomes et par conséquent être précisément confondue avec l'affinité. En fait, le rayonnement du radium ou son émanation de même que les rayons ultra-violets sont considérés comme les plus puissants agents chimiques de la nature[173]. Et l'on peut prévoir que l'on utilisera un jour ou l'autre ces rayonnements à la production de nombreuses espèces chimiques ainsi qu'on l'a déjà fait pour la fabrication du sucre ou la synthèse de la chlorophylle.

3° Enfin l'existence d'un tel agent que l'affinité n'est-il pas la clef des phénomènes catalytiques, de ces réactions lentes qu'un troisième corps active par sa seule présence ? Ne peut-on pas en effet considérer les catalyseurs comme des réflecteurs de l'énergie chimique ? Une certaine structure atomique de même qu'une certaine constitution moléculaire ne

---

173   La combinaison des atomes en molécule se fait généralement avec absorption de chaleur ; et leur dissociation se fait au contraire avec dégagement de chaleur. L'agrégation des électrons en atome semble plutôt absorber de l'électricité tandis que leur désagrégation dégage de l'électricité. Mais toutes ces transformations ne s'opèrent qu'en absorbant ou dégageant de l'énergie chimique et la radioactivité semble bien être une manifestation complexe de radiations électrique et chimique.

peut-elle jouer par rapport l'affinité le rôle que les corps polis jouent par rapport à la lumière ?

Je ne pense pas que l'on objecte à cette démonstration que l'affinité n'a point été isolée et que seul son maniement pratique résoudra définitivement la question de son existence. Chacun sait que le radium, par exemple, émet trois sortes de rayons, α, β, γ, et que les rayons ultra-violets n'ont pas que des propriétés chimiques. Il semble peu probable qu'il n'y ait pas de physiciens ou de chimistes assez ingénieux pour construire des appareils capables d'isoler les rayons chimiques de l'ultra-violet ou des substances radifères, de les désolidariser des autres ondulations avec lesquelles ils semblent avoir ordinairement partie liée. En attendant, l'on peut prévoir la construction de véritables générateurs de la force chimique, de cuves tapissées de substances radifères et dont la radioactivité excitée par des rayons ultra-violets réfléchiraient en leur centre une quantité d'énergie chimique capable de produire les synthèses les plus inattendues et qui paraissent aujourd'hui les plus irréalisables.

## IV — *La Force vitale et la Biologie physique*

Si du terrain de la Physique chimique ou chimie physique nous passons à la Biologie physique nous serons conduits à des considérations semblables. La Biologie physique est la science de la vitalité et nous devons admettre au moins par provision et pour nous conformer au point de vue de la dynamique que la vitalité ou mouvement vital est une énergie indéfinie et impondérable. — Le mort ne pèse-t-il pas autant que le vivant ? — La vie est une propriété générale de la matière, propriété qui se manifeste dans certaines circonstances données, se conserve et se propage selon des lois définies. La vitalité se manifeste non seulement dans l'homme et les animaux, dans les plantes et les micro-organismes, mais on peut présumer qu'elle est latente en la matière inorganique. Ce que l'on a appelé la vie des cristaux constitue tout au moins une manifestation qui nous conduit à admettre une parenté étroite entre l'Affinité et la Vitalité.

La vitalité soit qu'on la caractérise par l'irritabilité ou l'assimilation se manifeste nécessairement par des changements ; mais qui dit changement dit force. La vitalité est donc une force mais une force distincte aussi bien de la chaleur que de l'affinité ou de toute autre force étudiée par la Physique générale. À priori il n'y a rien d'absurde à admettre que l'énergie qui se manifeste par la chaleur, la lumière, l'électricité, le magnétisme, l'affinité puisse se manifester encore par une autre force capable de provoquer la formation de ces composés particuliers que nous nommons des êtres vivants.

Le travail de la vie n'est aux yeux des dynamistes modernes qu'une variété du travail universel. Les mouvements vitaux ne sont que des systèmes particuliers du mouvement, la force vitale n'est qu'une variété de l'énergie. La dynamique ou Physique générale embrasse tous les mouvements vitaux, la Physicobiologie est une branche nécessaire de la Physique générale.

Mais dira-t-on, votre théorie nous la connaissons, c'est le vitalisme ! N'est-il pas mort et bien mort ? Le vitalisme n'est pas mort et ne mourra point, à la vérité il a changé d'aspect à plusieurs reprises ; mais on entendait surtout par vitalisme une philosophie de la vie et nous exposons ici la théorie d'une science positive et expérimentale de la vitalité considérée comme une force générale. Le fait vital et par suite le mouvement vital et la force vitale ont quelque chose de spécifique que l'on ne saurait ramener aux forces que l'on qualifie ordinairement de physico-chimiques. Christian Bohr, de Copenhague, a étudié avec un soin extrême les échanges gazeux qui s'accomplissent entre l'air et le sang dans les poumons. Le mélange gazeux et le liquide sanguin sont en présence : une membrane mince, mais formée de cellules vivantes les sépare. Cette membrane va-t-elle se comporter comme le ferait une membrane inerte, dépourvue de vitalité, et suivant, par conséquent, les lois physiques de la diffusion des gaz. Eh ! bien non ; elle ne se comporte point ainsi ; les mesures les plus soigneuses, de pressions, de solubilités ne laissent point de doute à cet égard. Les éléments vivants de la membrane pulmonaire interviennent donc pour troubler le phénomène physique. Les choses se passent comme si les gaz échangés étaient soumis non pas à une simple diffusion, fait physique, ayant ses règles ; mais à une véritable sécrétion, phénomène physiologique ou vital, obéissant à des règles, fixées aussi, mais différentes des premières.

« D'autre part, le Professeur Heidenhain, de Breslau, était amené, vers le même temps, à des conclusions analogues en ce qui concerne les échanges liquides qui s'accomplissent dans l'intimité des tissus entre les liquides (lymphes) qui baignent extérieurement les vaisseaux sanguins et le sang que ceux-ci contiennent. Le phénomène est très important puisqu'il est le prologue des actions de nutrition et d'assimilation. Ici encore, les deux facteurs de l'échange sont mis en relation à travers une paroi mince, celle du vaisseau sanguin. Les lois physiques de la diffusion, de l'osmose et de la dialyse permettent de prévoir comme les choses se passeraient si la vitalité des éléments de la paroi n'intervenait point.

« Heidenhain crut observer qu'elles s'accomplissaient autrement. Le passage des liquides est troublé par le tait que les éléments cellulaires sont vivants. Il prend les caractères d'un acte physiologique et non plus d'un tait sique [174]. »

De ces exemples auxquels on pourrait ajouter quelques autres n'est-on pas en droit de conclure que les phénomènes physico-chimiques qui se passent dans l'être vivant subissent l'influence d'une force particulière qui est précisément la force vitale. Cette force ne soustrait pas l'être organisé à l'empire des autres forces physiques mais parmi toutes les forces physiques qui agissent la matière, elle joue le rôle qui lui est propre, elle organise des êtres vivants, elle opère des synthèses biologiques.

Au reste, on peut donner une idée plus précise de celte force en disant que c'est par elle que la matière passe de l'état inorganique à l'état de matière vivante, par elle que la vie se

---

174 A. Dastre. *La Vie et la Mort*. P., s. d., in-12, p. 28-29.

conserve et se maintient active et alerte, par elle que la vie se reproduit[175].

Que l'on ne dise pas que les expériences de Pasteur ont démontré l'impossibilité de la génération spontanée.

Le triomphe de Pasteur et la défaite des partisans de la génération spontanée ne prouvent qu'une chose, c'est que, dans les expériences des vaincus, il ne se produisait pas de génération spontanée. Pasteur lui-même considérait la vie comme fonction de l'univers et les expériences qu'il voulait tenter à Strasbourg en faisant agir de forts aimants sur des cristaux afin de les rendre dissymétriques n'étaient dans son esprit qu'une étape dans l'étude de la dynamique biologique « L'impuissance de l'expérimentation actuelle est purement provisoire. Elle est comparable à celle des hommes primitifs qui, avant Prométhée, ne sachant produire le feu, ne faisaient que se le transmettre les uns aux autres. Elle tient à l'insuffisance de nos connaissances et à la débilité de nos moyens, elle ne contredit pas la possibilité des faits[176]. »

Une autre analogie est encore plus suggestive : « Nous ne savons pas dans quelles conditions la glycérine peut cristallise spontanément. Si on la refroidit, elle devient visqueuse on ne l'obtient pas en cristaux de cette manière. On ne l'obtenait même en cristaux d'aucune autre manière avant l'année

---

175    La vie peut se définir l'ensemble des manifestations de la force vitale, organisation, assimilation et reproduction ou encore l'espèce de mouvement sous l'empire duquel la matière prend une forme organisée, capable d'assimilation, la développe et la reproduit.
176    Dastre. *La Vie et la Mort*. P., s. d., p. 243.

1867. Cette année-là, dans un tonneau envoyé de Vienne à Londres, pendant l'hiver, on trouva la glycérine cristallisée et Crookes montra ces cristaux à la Société chimique de Londres. Quelles circonstances avaient déterminé leur formation ? On l'ignorait et on l'ignore encore. Toujours est-il que ce cas de génération spontanée des cristaux de glycérine n'est pas resté isolé ; il s'est reproduit. M. Henninger a signalé la formation accidentelle de cristaux de glycérine dans une fabrique de Saint-Denis.

« Il est permis de dire que cette espèce cristalline est apparue comme ont pu le faire les espèces vivantes, à un moment donné, dans un milieu ou le hasard favorable avait réuni les conditions nécessaires à sa production. Et c'est bien, en effet, quelque chose de comparable à la création d'une espèce vivante, car celle-ci, une fois apparue, a pu être perpétuée[177]. »

Ces comparaisons nous aident à saisir comment la vie peut tout à coup apparaître ou se manifester dans les colloïdes stables[178] ; comment ces colloïdes peuvent subitement constituer un protoplasme, c'est-à-dire la substance vivante

---

177    Dastre. *La Vie et la Mort*. P., s. d., in-12, p. 293.
178    Les colloïdes ne sont pas des substances spéciales ni toujours chimiquement définissables, ce sont des substances à l'état colloïdal, c'est-à-dire dans une sorte d'équilibre sous lequel tous les corps sont susceptibles d'apparaître quelle que soit leur composition. Les albumines naturelles sont des colloïdes. Il existe de la silice colloïdale. Les colloïdes ne peuvent pas cristalliser, ils se coagulent. Tout être vivant est formé de colloïdes liquides ou coagulés. L'état colloïdal n'est pas caractéristique de la vie, puisqu'il existe des colloïdes minéraux, mais il paraît être spécialement approprié aux diverses manifestations de la vie.

élémentaire d'où émergera la cellule. La vitalité agit sur le colloïde pour en provoquer l'organisation ; de même que l'électricité agit sur ce mélange gazeux pour y provoquer des combinaisons, la constitution d'espèces chimiques, de même la vitalité provoque dans un mélange de colloïdes la constitution d'espèces vivantes.

Une fois l'organisme constitué, on peut encore remarquer qu'il se comporte d'une façon tout à fait analogue à la pile électrique. Il suffit que l'un des éléments constitutifs de la pile vienne à disparaître ou à se modifier pour que l'électricité cesse de se manifester. Que la température trop élevée provoque l'évaporation de l'eau acidulée ou trop basse, la congélation, les réactions indispensables cessent de se produire et du même coup l'électricité. Que la pile se dessèche ou gèle on peut dire qu'elle meurt. De même l'organisme. Spallanzani put, onze fois de suite, suspendre la manifestation de la vie ou de l'énergie vitale chez les rotifères en Les soumettant à la dessiccation et onze fois de suite la restaurer en humectant d'eau leurs cadavres desséchés. Tout se passe comme dans la pile. Pictet soumit des tanches et d'autres poissons d'eau douce à la congélation, la vie bien entendu cessa complètement de s'y manifester. Les poissons dégagés du bloc de glace dont ils faisaient partie se comportèrent absolument comme de la glace et se brisèrent en petits morceaux tout comme des morceaux de glace. En revanche, en laissant fondre tout doucement la glace qui contenait des poissons congelés, on voyait ces animaux après en être dégagés, se remettre à nager sans donner aucun signe de malaise. Avec la chaleur la vie avait subitement réapparu. La pileorganisme ne dégage ou ne manifeste l'énergie vitale qu'à condition de contenir de l'eau ou de baigner dans cet élément. Tout se passe en cor ici comme dans la pile électrique. La vie ne se con serve que par l'eau.

On peut d'ailleurs envisager les phénomènes de fécondation sous le même angle. On croyait, il n'y a pas long temps que l'œuf de la plupart des animaux bisexués, de l'oursin en particulier, ne pouvait être fécondé que par le contact du liquide mâle. Point de contact, partant point d'embryon, c'est-à-dire point de reproduction. Or, M. Yves Delage ayant pris des œufs d'oursins non fécondés et les ayant traités par l'eau de mer additionnée d'une solution sucrée de tannate d'ammoniaque, presque tous les œufs ainsi traités furent fécondés et conduits à l'état de larve, et plusieurs d'entre eux donnèrent des oursins complets et sexués [179]. On peut donc dire que si la solution marine de tannate d'ammoniaque transforme l'œuf en embryon, c'est-à-dire y fait apparaître la vie, c'est qu'elle a fourni à l'œuf-pile les éléments chimiques indispensables aux réactions qui conditionnent la manifestation de l'énergie vitale.

Ainsi que l'on considère la vie dans son apparition spontané ou la vitalisation de colloïdes hydrophiles transformé ainsi en protoplasme ; dans sa conservation comme chez les rotifères ou les poissons, dans sa reproduction comme dans la

---

179   Yve. Delage et M. Goldsmith. *La Parthénogénèse*, P., 1913, pp. 263-287.

parthénogénèse artificielle, il s'avère que la vie est une énergie spécifique qui apparaît, se maintient et se propage dans des conditions qui se définissent de même que celle des autres énergies étudiées par la physique générale.

Il reste néanmoins une objection : personne n'a encore réussi à isoler et, par suite, à manier la vitalité. Pour la lumière nous avons le trou du volet ou la lampe, pour l'électricité, la pile ou la machine électrique, pour l'affinité, les corps radioactifs et les rayons ultra-violets, mais pour la vitalité nous n'avons rien encore. Les expériences de M. Boirac permettent de croire que les passes magnétiques mettent en jeu une force réelle et l'on doit se demander si elle n'a rien à voir avec la force vitale. Les momifications de substances organiques obtenues par l'imposition des mains sembleraient prouver d'autre part que ces émanations humaines sont susceptibles d'arrêter la corruption, c'est-à-dire de lutter pour le maintien d'une forme organique.

Ce fluide des magnétiseurs dont l'action médicatrice est bien connue, est-il autre chose que la force vitale et son action pour le maintien de la vie ne décèle-t-elle pas suffisamment sa véritable nature ? Ainsi donc dans une certaine mesure on manie déjà le fluide vital et si l'on n'a pas encore réussi à l'isoler complètement pour le soumettre à des expériences de mesure et vérifier ses diverses propriétés on peut déjà en prévoir la possibilité.[180]

---

180   À ceux qui seraient tentés d'apparenter la théorie de la vie que je viens d'ébaucher de la doctrine de l'*Évolution créatrice*, j'indiquerai quelques différences fondamentales.

## V — *La Force psychique et la Psychologie physique*

Il faut dire enfin quelques mots de la Physique psychique. Je suis persuadé que non seulement il n'y a aucun obstacle à la conception énergétique des phénomènes psychiques, mais que l'hypothèse d'une énergie psychique est indispensable à la rénovation de la psychologie. Selon les principes de notre classification, la psychologie devrait se diviser en trois sciences et étudier tour à tour les phénomènes psychiques sous trois points de vue différents.

La Psychologie dynamique qui étudierait l'énergie psychique au point de vue cinématique, la Psychologie descriptive qui étudierait les diverses espèces d'intelligence et d'instincts, enfin la Psychologie génétique qui s'attacherait à élucider l'origine des différentes formes d'instinct et d'intelligence,

---

Afin de pouvoir creuser un fossé plus profond entre le monde inorganique et le monde de la vie, M. Bergson répète à maintes reprises que seuls les êtres vivants constituent des systèmes clos par la nature elle-même. les cristaux par exemple, ne sont que de pseudo-individus. Nous estimons au contraire que l'atome et la molécule présentent une unité tout aussi caractéristique, tout aussi spécifique que celle du vivant. L'édifice atomique ou moléculaire n'est pas plus homogène que celui de la cellule et forme un tout parfaitement clos par la nature. La doctrine de M. Bergson méconnaît constamment, bien qu'implicitement la spécificité des espèces chimiques. La chimie est une science naturelle, une étude de systèmes clos par la nature elle-même.

D'autre part, M. Bergson confond deux ordres que nous distinguons avec soin le vital et le psychique. L'élan vital est à la fois physiologique et psychologique. L'erreur est exactement du mime genre que celle qui consisterait à confondre l'énergie chimique avec l'énergie vitale et à vouloir expliquer les faits d'affinité par la vitalité.

et leur évolution. Les problèmes génétiques n'ont guère été abordés jusqu'ici que par l'intuition ; mais on peut prévoir le jour où la mathématique leur apportera son appui. Toutefois, ceci ne sera possible qu'après la constitution de la Psychologie dynamique, base indispensable de la Psychologie génétique.

La Psychologie dynamique a pour objet l'énergie psychique. On peut admettre que cette énergie est une qualité générale de la matière et répéter avec M. Ravaisson que l'esprit ne s'exprime pas seulement dans l'homme et les animaux supérieurs, mais qu'il murmure dans la plante et gémit dans la pierre. Et ce n'est pas ici une métaphore, mais il faut entendre par esprit, l'énergie psychique. L'énergie psychique ne saurait se confondre avec aucune autre espèce d'énergie, ni le magnétisme, ni l'affinité, ni la vitalité, elle se présente bien à nous comme une énergie spécifique et si l'on veut envisager les phénomènes psychiques sous l'aspect force ou ondulation, comme le veut le point de vue de la Physique générale, il faut bien admettre qu'ils relèvent d'une énergie propre, qui est précisément l'énergie psychique. Ce que l'on appelle aujourd'hui le psychisme me semble englober bien des éléments hétérogènes, mais il est indubitable que l'un de ses éléments de succès auprès de beaucoup d'esprits, c'est qu'il envisage les phénomènes psychiques sous un aspect dynamique. Je pourrais à la suite de maints philosophes insister sur l'originalité des phénomènes psychiques, que les psychistes confondent trop souvent avec les phénomènes vitaux, comme d'ailleurs bon nombre de philosophes qui ont tenté d'expliquer la vie par un principe intellectuel. Mais cette originalité me semble s'imposer tout autant et tout aussi clairement que l'originalité des phénomènes d'affinité ou des phénomènes lumineux.

De l'énergie psychique conçue comme l'une des grandes forces physiques de la nature, quelle autre preuve de réalité pouvons-nous fournir en dehors de l'originalité des phénomènes psychiques et de la nécessité de les expliquer par une telle force puisqu'au fond ce sont des changements tout aussi bien que les phénomènes vitaux. On peut appuyer cette réalité sur toute une série de phénomènes qui semblent devoir s'expliquer par rayonnement. Lorsque la pensée de certaines personnes est orientée vers nous par un désir ardent de nous voir ou une volonté forte de communiquer avec nous, elles peuvent nous apparaître de telle sorte qu'elles semblent se tenir devant nous réellement en chair et en os. Ce sont principalement les mourants qui manifestent ce pouvoir et qui, à leur dernière heure, se font voir à leurs parents ou à leurs amis lointains, même à plusieurs à la fois et en des lieux différents. La vision télépathique est aujourd'hui un phénomène solidement attesté. On doit les admettre dans la science avec Myers et Schopenhauer avec MM. Flammarion et Bergson.

Ce phénomène s'explique très logiquement par un rayonnement d'énergie psychique. Ce rayonnement ne se produit, il est vrai, que dans certaines conditions particulières et que pour des sujets spéciaux. L'électricité et le magnétisme ne se manifestent, eux aussi, que dans des conditions particulières et au moyen d'appareils spéciaux. La télégraphie sans fil exige un transmetteur et un récepteur. Qu'y a-t-il d'étonnant si la télépsychie demande aussi un sujet transmetteur et un sujet récepteur ? La parité sera d'ailleurs complète lorsqu'on saura reconnaître de façon assurée les sujets capables avec un peu de préparation ou d'entraînement de former de bons transmetteurs ou de bons récepteurs.

L'étude de la vision dans le cristal présente un double intérêt, car ici les phénomènes entrent dans une large mesure dans le domaine de l'expérimentation. La vision peut être provoquée à volonté tout au moins chez certains sujets. Le miroir magique met le sujet dans un état d'hypnose et par suite de réceptivité qui en fait un véritable appareil enregistreur.

Que l'on trouve en outre les procédés qui permettraient de transformer une autre catégorie de sujets en appareils transmetteurs et l'on pourra effectuer alors des expériences tout à fait convaincantes.

On arrivera certainement dans cette voie à un maniement expérimental de l'énergie psychique. Mais il est probable que l'on trouvera plus et mieux, et l'on peut envisager la possibilité plus générale d'une projection volontaire de l'énergie psychique, dans des conditions physiques, physiologiques et psychiques qu'il s'agira de déterminer.

Ce rayonnement de l'énergie psychique de transmetteur à récepteur se produit encore dans un autre cas, d'ailleurs plus connu et mieux étudié. Je veux parler de la suggestion d'hypnotiseur à hypnotisé. Ici la transmission psychique se fait ordinairement par un ordre parlé ou mimé, par la vue ou par l'oreille ; mais la suggestion purement mentale n'est pas moins certaine et l'on peut citer des cas bien attestés de suggestion à distance. Ce dernier phénomène est tout à fait analogue à la télépathie et s'explique également par un rayonnement de la force psychique sous l'empire d'une certaine tension psychique; dans la télépathie, la tension se traduit ordinairement par un désir violent et par une hyper réceptivité due à des conditions nerveuses favorables, augmentées encore par un entraînement approprié.

De ces brèves considérations on peut déjà conclure que l'hypothèse d'une énergie psychique s'impose en Physique générale et que ce sera la source de progrès incalculables pour la connaissance de l'esprit humain.

De telles conceptions paraissent nécessairement choquantes à ceux dont le « moi » obnubile la vue. Mais les philosophes dynamistes ont depuis longtemps abouti à des idées analogues. Même dans le christianisme ceux-là ne furent point rares qui conçurent la raison comme une participation effective à la raison divine. Il y eut toujours des Ontologistes. On les accuse de panthéisme, c'est une accusation à laquelle il est difficile d'échapper si l'on veut creuser un peu les pensées communes... Votre pensée est-elle distincte de la mienne, écrivait Louis Ménard, ou une lumière éclaire-t-elle les esprits comme une vie unique anime tous les corps. L'intelligence vous est prêtée pour un temps, comme la force et la jeunesse, comme l'air et le soleil. Prenez-en votre part; ce qui pense aujourd'hui en vous pensera demain dans d'autres, Rien n'est à vous.[181] La force psychique luit plus ou moins en tout hom-

---

181   L. Ménard. *Rêveries du Païen mystique*, éd. Crès 1911, p. 41.

me qui vient en ce monde et tous nous en avons notre part, comme des autres forces, comme nous avons notre part de chaleur ou de soleil.

## VI — *La dynamique et la magie*

Admettons enfin que les trois sciences dont nous venons de parler soient constituées et qu'on ait ainsi complété la série des sciences dont l'ensemble formerait la dynamique ou la physique générale. Qu'en conclure ?

Nous pourrions dire alors que toutes les activités de la nature relèvent d'une science unique, la dynamique ou physique générale, parce qu'au fond toutes les espèces de mouvements même chimiques, biologiques ou psychiques relèvent toutes de forces générales analogues qui toutes pourraient bien n'être que les manifestations diverses d'une même force fondamentale. Certes en parlant ainsi nous énoncerions une hypothèse ; mais combien les bases en sembleraient assurées. Nous aurions vraiment acquis alors des droits à affirmer que la force universelle conçue par l'intuition du primitif, attestée grâce à sa hardiesse et à sa simplicité est, sinon une hypothèse scientifiquement et rigoureusement fondée, du moins parmi les hypothèses l'une des plus tuerveilleuses et des plus fécondes.

Ce triomphe est-il à prévoir. ! Très vraisemblablement. La notion de force étant l'une des deux façons dont nécessairement nous nous représentons ou imaginons la nature, il est à présumer que tout ce qui est activité et mouvement peut arriver à se coordonner en groupes spécifiques correspondant à autant de formes particulières de la force. Pouvons-nous en déduire que le fond des choses s'explique par une force unique aux modalités diverses ?

Nous pouvons l'admettre. Ce sera un acte de foi, mais d'une foi qui s'oriente dans la direction générale de la science.

Par cet acte nous ne ferons que reprendre à notre compte les intuitions de tous les dynamistes passés, du plus humble au plus puissant. Est-ce à dire que l'humanité n'a fait que piétiner sur place et que nous ne sommes guère plus avancé que l'indien des prairies, voire que Paracelse ? Non point. Cette intuition du sauvage qui explique toutes les activités par une force universelle a cessé grâce à la science moderne, d'être une simple vue générale et philosophique. Les savants s'en sont emparés. Sans nier ce que cette hypothèse d'une force unique et universelle avait de possible, voire de séduisant, sans même cesser jamais de s'en inspirer secrètement, ils ont déclaré que la science ne serait qu'à condition d'être précise et rigoureuse, qu'il fallait donc étudier, la mathématique en main, chaque espèce de mouvement, ou si vous préférez chaque espèce de force sans d'ailleurs se préoccuper d'autre chose que d'accumuler les faits et de les coordonner en lois et qu'ensuite l'on verrait. Ils ont ainsi poussé très loin l'étude de la chaleur, et plus encore celle de la lumière, de l'électricité et du magnétisme. Arriva ensuite un moment où involontairement des comparaisons s'instituèrent entre ces diverses espèces d'ondulations. Et sourdement, lentement réapparut l'antique hypothèse, mais traînant derrière soi de longues chaînes de faits et d'expériences. C'est alors que l'on tenta d'énoncer des principes, les principes de la dynamique ou de l'énergétique pouvant s'appliquer à la fois à la chaleur, à la lumière, à l'électricité et au magnétisme. On fit naturellement des tentatives malheureuses, on voulut expliquer les combinaisons par le plus grand dégagement de chaleur et les phénomènes vitaux par les seules énergies déjà étudiées et dites physico-chimiques comme si précisément la vitalité n'était pas une énergie physique distincte.

Mais à travers ces échecs même, la voie se dessine, il s'agit maintenant d'isoler et d'étudier les forces physiques supérieures, les fortes qui président aux phénomènes biologiques et aux phénomènes psychiques. C'est là la voie assurée, c'est la voie où la science, quoi qu'elle fasse, s'engage chaque jour un peu plus inévitablement. Les promesses de la magie dans l'ordre pratique furent ordinairement vaines et les mages modernes nous préviennent charitablement que poursuivre par la magie des fins intéressées, ne conduit guère qu'à l'esclavage magique, ce qui veut dire en bon français : à l'obsession et à la folie. La physique générale qui ne poursuit directement que la connaissance des grandes forces de la nature, nous a permis par surcroît, des applications sans nombre dans l'ordre des réalisations matérielles. C'est elle qui tient déjà maintes promesses de la magie, c'est elle qui tiendra les autres demain.

Confrontez le savant et le mage, et manifestez-leur le désir de vous élever dans les airs, le dernier répondra lévitation et vous demandera de vous réduire à l'état de maigreur ascétique avant de pouvoir détacher un pied du sol, le second vous donnera l'adresse de quelqu'un de ces vastes laboratoires d'application où l'on fabrique des aéroplanes. Demandez à ces maîtres de vous procurer l'insensibilité ou du moins l'apaisement de douleurs intolérables après les avoir avertis toutefois que la suggestion et l'hypnose n'ont point réussi. Le mage vous tracera tout un programme d'entraînement pour vous rendre plus ou moins hypnotisable ou extatique, le savant vous offrira le chloroforme ou la cocaïne.

Demandez à ces maîtres de vous protéger contre la grêle. Le savant simplement vous proposera ses fusées explosives où dort l'énergie chimique. Les rites du mage rateront très probablement. Demandez à ces mêmes hommes de faire tomber la foudre. L'occultiste excitera vainement la lumière astrale ; mais le savant offrira le paratonnerre ou l'électrocution. Les promesses de la magie, c'est La science, qui déjà en tient une partie et qui demain tiendra les autres dans la mesure où elles sont réalisables. La magie prétendait manier à son gré l'agent essentiel, l'énergie universelle ; mais ses affirmations ont fait banqueroute. La science ne prétend qu'à manier chacune des forces spéciales qui sont comme la monnaie de la force universelle et chaque jour voit s'accroître ses pouvoirs.

La science pourra, sans doute, se rapprocher un jour, encore davantage de l'idéal prévu par la magie ; faire jaillir tous les prodiges d'une force unique enfin maîtrisée. Lorsque le physicien connaîtra bien chacune des grandes forces dont l'étude appartient à la physique générale, de la gravitation à la force psychique, n'entrevoit-on pas la possibilité de transformer ces énergies les unes dans les autres. Cette transformation permettrait alors de produire, avec une seule force, tous les effets dont la force universelle est capable, en revêtant tour à tour ses diverses modalités.

Sans nous perdre en ces rêves lointains, il reste donc acquis que les fins de la magie pratique s'identifient désormais avec les fins que poursuit la science qui, seule, réalisera les promesses de la magie et fournira la démonstration des thèses impliquées par l'hypothèse intuitive des primitifs.

# CONCLUSION

La force magique des Primitifs est comme nous l'avons vu quelque chose d'assez flottant, c'est une sorte de puissance matérielle et invisible, un fluide impondérable et insaisissable, dépourvu d'intelligence personnelle, mais susceptible de recevoir des impressions d'ordre psychique, images, idées ou volontés de refléter les images et les idées et d'exécuter la volonté qu'on y imprime.

Cette conception va de pair avec un état de confusion dans lequel l'homme, n'ayant pas encore pris une conscience bien nette de sa personnalité, envisage toutes les forces de la nature comme des forces vivantes et se contente d'explications d'un caractère occulte ou mystique.

Les nécessités matérielles de la vie, ce que nous appellerions aujourd'hui les nécessités pragmatiques, obligèrent bien vite l'homme à distinguer les êtres en bons et en mauvais, en utiles et en nuisibles ; et comme tous ces êtres étaient actifs, à admettre que chez les uns la force magique était ou devenait bonne et chez les autres était ou devenait mauvaise, soit que la nature de ces êtres le voulût ainsi, tels les poisons, soit qu'ils pussent à volonté la rendre bonne ou mauvaise, tels les sorciers.

Sous l'action du vouloir vivre et des nécessités d'ordre pratique, il s'opéra donc une différentiation de la force magique en bonne et en mauvaise force de bénédiction et de malédiction : Baraka et Aïn comme disent les Arabes.

L'homme ayant pris une conscience plus nette de sa personnalité eut une tendance plus grande à personnifier toutes choses. La force bonne devint la force de Dieu ou des dieux, la force mauvaise devint la force du diable ou des démons. Et cette transformation s'opéra d'autant plus facilement que parallèlement naquirent les idées morales et les préoccupations spirituelles. Le développement des idées d'obligation et de salut mit toujours plus en lumière la valeur des pensées et des intentions, éclaira les notions de mérite et de péché et accentua du même coup l'idée de personnalité bonne ou mauvaise. Cette idée prit même un tel relief, qu'on ne vit bientôt plus dans le monde que des êtres personnels bien ou malintentionnés. La force magique se confondit pour ainsi dire avec l'activité même de ces personnalités innombrables, tel, par exemple, la grâce et la tentation chez les Chrétiens. La force magique universelle se trouvait à peu près remplacée par les pouvoirs multiples des personnalités surnaturelles. Elle s'était dissociée, atomisée, individualisée. On aboutissait ainsi à un dogme qui se présentait comme l'assise d'une religion et incidemment comme une explication du monde.

L'évolution que je viens de décrire ne fut pas générale. Il en alla tout autrement en Orient où le sentiment de la personnalité semble s'accompagner souvent de sensations pénibles et désagréables et où, en tout cas, on a toujours eu le goût de la dépersonnalisation. La force magique y absorba la personnalité. Tout est sorti de Brahman l'être impersonnel, tout retournera à Brahman.

Le bien et le mal sont la suite des personnifications de Brahman. Par elle-même la force divine n'est ni bonne ni mauvaise. C'est en s'individualisant en tel ou tel personnage qu'elle le devient; mais ces qualifications sont regrettables; le salut consistera précisément en l'anéantissement de la personnalité, anéantissement qui rendra le mal impossible. Les hommes et les dieux personnels sont des possibilités malfaisantes. Il faut que tout retourne à Brahman qui est le Nirvana.

Toutes les systématisations théologiques orientales ou occidentales sont nées de spéculations sur la valeur de la personne et particulièrement sur sa valeur morale. Les préoccupations principalement pragmatiques d'abord d'ordre matériel, puis d'ordre spirituel, conduisirent l'homme à ces diverses interprétations du monde qui se trouvent être indirectement des tentatives d'explications de l'univers. Ce résultat ne fut jamais leur but principal, les auteurs sacrés et les théologiens prétendent que la connaissance de l'univers matériel a été abandonnée par Dieu aux disputes des hommes.

Mais à côté des théologiens, il y eut toujours des esprits pour qui l'énigme du monde ne présentait pas moins d'intérêt que le problème moral et qui attachèrent un très haut prix aux spéculations sur la nature, ses secrets et ses lois. Les esprits de cette catégorie, du moins au moyen âge, avaient une tendance à préférer l'explication par des forces impersonnelles et avec eux la notion de force magique au lieu de s'individualiser ou de se diviniser, va se naturaliser et s'impersonnaliser.

Les préoccupations des morales théologiques leur semblaient singulièrement excessives, la condamnation de toutes les tendances de la nature, considérées comme les suites du péché originel, leur paraissait tout à fait déraisonnable, Se retirer de la société, s'enfuir en quelque thébaïde affreuse ou se rendre eunuque ne leur paraissait pas un idéal qui dut absorber leurs efforts. L'homme, disaient-ils, ne devient pas plus homme par l'ignorance systématique ou la destruction de ses sens, mais en progressant dans la connaissance de l'univers qui est aussi la connaissance de Dieu car, il brille en ses œuvres où il éclate comme en un miroir. L'idéal n'est point de détruire la nature, mais de la perfectionner, de la gouverner sagement comme doit le faire un être raisonnable principalement soucieux d'éclairer chaque jour davantage son esprit. Cette sorte de gens était moins épouvantée des tentations de la chair que de l'ignominie de l'ignorance, moins préoccupée de la Grâce que de la Gnose.

Les occultistes ont évidemment marché dans cette voie. Le Magnale de Paracelse ou le Spiritus Catholicus de Robert Fludd constituent une laïcisation de la force magique. Ils conçoivent cette force sur un type matériel comme la force de l'aimant, ils admettent qu'elle est capable de se polariser, de se dilater et de se contracter, de produire un flux et un reflux, et tentent d'expliquer par ces propriétés toutes naturelles, le mouvement des astres et celui des humeurs, les troubles du ciel et les maladies humaines. Polariser la force universelle équivalait à la séculariser. Cette conception comportait encore quelque flottement et les esprits vitaux de Paracelse semblent bien à la fois des esprits et des forces, toutefois, l'œuvre d'impersonnalisation de la force était en bonne voie. Les occultistes prévoyaient que, grâce à cette force bipolaire, la plupart des effets réputés surnaturels recevraient une explication naturelle que les anges et les démons seraient de plus en plus relégués hors de la science. Tous ceux pour qui la religion apparaissait comme un pouvoir oppresseur adoptèrent des vues qui leur semblaient libératrices. Les théologiens s'imaginèrent que le naturalisme, car c'est ainsi qu'ils baptisaient toutes les tentatives d'explications par la force, détruirait la religion en portant atteinte à leur explication de la nature, par des personnages surnaturels. Tout le monde croyait naïvement que de telles hypothèses étaient exclusives et touchaient au fond des choses. On en vint naturellement aux pires querelles.

Avec Gassendi et Descartes, pour qui la science est avant tout une connaissance précise, une question de mesure, se produisit une tentative révolutionnaire. Gassendi relégua la force à l'origine des choses, sous forme de chiquenaude initiale. Descartes voulut l'exorciser. Tout devait s'expliquer par le mouvement et l'étendue. Il y a encore aujourd'hui des partisans d'une science purement cinématique, mais ils diminuent.

Newton réintroduisit la force dans la science, mais il lui enleva définitivement tout aspect animique et personnel, il attribua la gravitation à la matière elle-même. Les forces personnelles, étaient éliminées du monde des savants. En revanche, les forces, cause du mouvement, prenaient décidément un caractère d'absolue impersonnalité. Avec lui reparaissait la force universelle, mais dissociée et dépouillée, uniquement considérée comme principe du mouvement des astres et des atomes, et dépouillée de tout caractère occulte et mystique.

La notion de force ainsi transformée devint l'inspiratrice de toute la physique moderne, les physiciens n'avaient d'ailleurs pas oublié la leçon de Descartes, et l'on se préoccupait avant tout de mesurer des mouvements et d'enregistrer les mesures obtenues. À la suite de la gravitation, la chaleur, la lumière, l'électromagnétisme apparurent tour à tour comme des mouvements de types différenciés et apparentés qui s'expliquent par des forces également différenciées et apparentées, mais rigoureusement impersonnelles [182].

Aujourd'hui il reste encore à étendre cette façon d'envisager les phénomènes à tous ceux qui n'ont pas encore été

---

182   Pour Maxwell, l'électricité, la lumière et la chaleur sont intimement liées au point de vue de leur processus intime. Les oscillations des électrons (sous-atomes) engendrent dans l'éther suivant leur fréquence des ondes électriques, calorifiques ou lumineuses, l'électron étant considéré comme le support sous-atomique. Les philosophes diraient l'hypostase de la chaleur, de la lumière et de l'électricité.

étudiés systématiquement sous cet aspect force-mouvement, même aux phénomènes vitaux et aux phénomènes psychiques.

Mais remarquons-le bien, cette extension de la physique générale et de l'hypothèse des forces impersonnelles pour expliquer des phénomènes d'allure individuelle et personnelle, ne préjuge rien au sujet du fond des choses. La conception de force en physique générale n'est qu'un point de vue de l'esprit, l'usage d'un type de représentation pour expliquer symboliquement l'univers et rendre plus facile son analyse [183]. Les sciences naturelles développent à côté un point de vue tout différent qui d'ailleurs ne préjuge pas davantage de la nature même du réel. Une philosophie qui prétendrait se fonder sur la science devrait d'abord attendre que celle-ci soit édifiée. Mais la science fût-elle achevée, je vois bien tout ce qu'elle aurait gagné et l'homme avec elle, mais je me demande si vraiment nous pourrions parler avec plus de certitude du noumène et de la chose en soi et s'il ne serait point périlleux, même alors, de spéculer sur leur nature et d'affirmer comme déjà beaucoup voudraient le faire que le fond des choses n'est qu'énergie.

La physique générale ne saurait se passer du symbolisme dynamique et doit s'efforcer de l'appliquer à tout le connaissable, de même que l'Histoire naturelle, le symbolisme atomique ou animique ; mais encore une fois ce ne sont là que les

---

183    La force pour le savant n'est qu'une relation, c'est une façon d'exprimer le mouvement par son accélération.

formes imposées par notre imagination à nos représentations et à nos hypothèses. Toutes deux ont rendu de grands services, toutes deux en rendront encore bien davantage lorsqu'on aura étendu leur emploi jusqu'aux extrêmes limites du possible, mais ni l'une ni l'autre ne peuvent avoir la prétention de nous livrer jamais le secret du réel.

Au total, il reste avéré que l'esprit humain a tiré un immense profit de la notion de force et qu'il est bien loin d'en avoir épuisé la vertu pour l'analyse et la représentation de l'univers. Il nous reste à étudier l'autre type qui est l'âme, la monade ou l'atome. Ce sera l'objet d'un prochain travail[184].


FIN

---

184 Nous avons déjà donné dix leçons sur ce sujet à l'École de Psychologie.

# TABLE DES MATIÈRES

En guise de préface . . . . . . . . . . . . . . . . . . . . v

Chapitre premier — définition de la magie . . . . . . . 7

Chapitre ii — la force magique . . . . . . . . . . . . . 21
   I — La force magique indifférente . . . . . . . . . . . 21
   II — Les qualifications de la magie : Les forces
      bienfaisantes et les forces malfaisantes . . . . . . . 36
   III — La systématisation de la force magique . . . . . . 46

Chapitre iii — la production et le culte de la force
magique . . . . . . . . . . . . . . . . . . . . . . . . 55
   I — La force magique des éléments . . . . . . . . . . . 55
   II — La force magique du fétiche et du totem . . . . . 58
   III — Des instruments ou des objets rituels propres
      à condenser ou à produire la force magique . . . . 67
   IV — L'homme en tant que producteur de la force
magique . . . . . . . . . . . . . . . . . . . . . . . . 75

Chapitre iv — la genèse de la notion de force magique  79
   I — Des formes à priori de l'imagination . . . . . . . 79
   II — Des formes concrètes de la force magique : Le feu . 82
   III — Des formes concrètes de la force magique : Le
      souffle . . . . . . . . . . . . . . . . . . . . . . . 88
   IV — Des formes intelligentes de la force magique : La
      voix et le tonnerre . . . . . . . . . . . . . . . . . 97
   Conclusion . . . . . . . . . . . . . . . . . . . . . . 102

Chapitre v . . . . . . . . . . . . . . . . . . . . . . . . .107
   I — L'hypothèse de la force magique et son équivalent
      occultiste . . . . . . . . . . . . . . . . . . . . .107
   II — Quelques maîtres du xix$^e$ siècle . . . . . . . . .121
   III — La force magique chez les occultistes comparée
      à la force magique des primitifs . . . . . . . . . .127

Chapitre vi — l'hypothèse dynamique dans la science
moderne . . . . . . . . . . . . . . . . . . . . . . . .133
   I — Classification des Sciences de la nature . . . . . . .133
   II — Le point de vue dynamique en Physique générale .137
   III — La Physique chimique et l'Affinité . . . . . . . .138
   IV — La Force vitale et la Biologie physique . . . . . .141
   V — La Force psychique et la Psychologie physique. . .150
   VI — La dynamique et la magie. . . . . . . . . . . . .155

Conclusion . . . . . . . . . . . . . . . . . . . . . . . . .161

www.ingramcontent.com/pod-product-compliance
Lightning Source LLC
LaVergne TN
LVHW051834080426
835512LV00018B/2877